Paul Newman

Hollywood Collection – Eine Hommage in Fotografien

Herausgegeben von Ward Calhoun

Texte und Fachberatung Manfred Hobsch

Schwarzkopf & Schwarzkopf

INHALT

REBELL UND GENTLEMAN MIT CHARME, IRONIE UND STAHLBLAUEN AUGEN

Paul Newman – sein Leben und seine Filme

Er gehörte zweifelsohne zu den besten und beliebtesten Filmstars der Welt. Paul Newman war ein Hollywood-Veteran, dessen Karriere ein halbes Jahrhundert umfasste. Auf der Leinwand lächelte er verschmitzt und wirkte gleichermaßen intelligent wie attraktiv. Er blieb immer sympathisch, auch wenn die Charaktere, die er verkörperte, oft nicht gerade Vorzeige-Amerikaner waren. Paul Newman hat alles gespielt: Ganoven und Polizisten, Draufgänger und Schlitzohren,

> **»Ich hatte kein besonderes Talent, irgendetwas zu werden – kein Sportler, kein Schauspieler, kein Schriftsteller, kein Regisseur, kein Anstreicher, nichts. Also habe ich hart gearbeitet, denn nichts ist mir leicht gefallen.«**
> **Paul Newman**

leidenschaftliche Liebhaber und pflichtbewusste Ehemänner – noch die dramatischsten Szenen unterspielte er mit einer Spur Lässigkeit. Wenn man nach einem gemeinsamen Nenner für die Rollen suchen wollte, die Paul Newman in fünfzig Jahren Hollywood gespielt hat, so könnte man vielleicht das Stichwort »Helden-Image« nennen. Denn Heldentum der verschiedensten Arten hat seine Filmrollen geprägt. Newman selbst hat darüber einmal gesagt: »Die meisten Menschen sind Helden, denn es gehört schon eine Portion Lebensmut und Ausdauer, also ›Heldenqualitäten‹, dazu, das tägliche Leben zu meistern. Die Helden, die ich verkörpere, sind auch oft alles andere als strahlende Figuren, die weder Angst noch Verzweiflung kennen. Ein Held zu sein bedeutet, etwas trotz Angst und trotz Verzweiflung anzupacken. Die größten Helden haben sicherlich auch am meisten Angst.«

Das Geheimnis von Newmans Erfolg lag vor allem in seiner Fähigkeit, die gerade modernen Ansprüche an das Männlichkeitsideal zu erfüllen: In »Süßer Vogel Jugend« (1962) zeigte er, wie rissig das gängige Bild des Supermannes sein kann, in »Der Wildeste unter Tausend« (1963) war er der durchschnittliche amerikanische Mann, raue Schale mit weichem Kern, in »Schlappschuß« (1977) machte er sich über die Macho-Idole lustig. Und in »Flammendes Inferno«

(1974) schließlich war er von Kopf bis Fuß ein Held, ein Retter von ungeahnter Tapferkeit. »Ich war aber auch immer ein Glückspilz«, befand Newman im Rückblick. »Meine Karriere lief wie geschmiert.« Wohl auch deshalb, weil er Rebellion, sanftmütiges und zugleich starkes Selbstbewusstsein und einen dezenten Sex-Appeal miteinander verbinden konnte. Die Charaktere, die der Schauspieler im Lauf seiner langen Karriere verkörperte, waren zu Beginn von jungenhafter, sensibler Protesthaltung geprägt, emotional unreif und im ständigen Clinch mit Vätern oder Autoritäten. Newmans spezielles Rollenfach wurde bald der einsame, zuweilen jähzornige Kämpfer wider die Regeln der Gesellschaft – der Karriere-Boxer in »Die Hölle ist in mir« (1956) beispielsweise, der in der Brutalität des Sports »Befreiung von seinen Komplexen sucht«, wie ein Kritiker analysierte. Aber auch dem neurotischen 1950er-Jahre-Typ konnte Newman überzeugend Gestalt geben – etwa im bisexuellen Farmersohn in »Die Katze auf dem heißen Blechdach« (1958), der den Freitod des Freundes der ahnungslosen Ehefrau anlastet und so eine große Familientragödie auslöst.

Newmans darstellerischer Stil und seine Attraktivität machten ihn zur idealen Besetzung für die Rolle des jugendlichen Rebellen, wie ihn das amerikanische Kino der 1950er-Jahre favorisierte. Die typische Outlaw-Konstruktion prägte auch Newmans Rolle in »Süßer Vogel Jugend« und begründete seine Leinwandpersönlichkeit: introvertiert, scheinbar unnahbar und ständig zwischen Zynismus und Verbitterung schwankend. Newmans sensibles Spiel gibt diesen vordergründig unsympathischen Charakteren eine gewisse Faszination, sodass sie nie Hass oder völlige Ablehnung beim Publikum hervorrufen. In den 1960er-Jahren wandelte sich Newmans explosive, nach innen getragene Energie in zunächst harte, dann mehr und mehr ironisch-skurrile Heldenrollen. »Haie der Großstadt« (1961) war vielleicht der erste einer Reihe von Filmen, die Newmans verändertes Image bestimmten: ein Junge mit dem Aussehen eines gefallenen Engels, der Gefühle zu verachten scheint. Ein Verlierer, der

Aufnahme aus dem Jahr 1957

einen mit einem Lächeln gewinnt. Ein romantischer Held, der nicht allzu viel Glück in der Wahl seiner Frauen hat. Ein verrückter Einzelgänger.

Paul Newmans stahlblaue Augen sind legendär: Sie leuchteten im Farbfilm intensiv und wurden so zu seinem Markenzeichen. Aber ihr Einsatz musste sehr sorgfältig dosiert werden. »Einen genetischen Unfall« hat der Regisseur Martin Ritt, der einige ihrer größten Momente inszeniert hat, diese Augen einmal genannt: »Gewöhnliche Sterbliche werden nicht mit solchen Gaben bedacht.« Wie kein Star seiner Generation blieb Paul Newman immer skeptisch gegenüber dem eigenen Ruhm und den eigenen Fähigkeiten, hat im-

»Ich bin dem Kenyon College zu großem Dank verpflichtet. Ich habe hier sogar mein erstes Geld verdient, und zwar mit einem Wäscheservice. Die zusätzlichen sechzig Dollar pro Woche waren immens wichtig für mich.«
Paul Newman

mer wieder hart an sich gearbeitet, sich ganz in den Dienst seiner Geschichten gestellt. Karrieretiefs – wie beispielsweise Marlon Brando sie überwinden musste – hat Newman nie gekannt. »Im Innersten glaubte er nicht wirklich daran, Paul Newman zu sein«, hat der Autor William Goldman, der »Ein Fall für Harper« (1966) und »Butch Cassidy und Sundance Kid« (1969) für ihn schrieb, es einmal auf den Punkt gebracht. Im Grunde seines Wesens sei Newman ein scheuer Mensch, meinte sein Freund Sidney Lumet einmal – Selbstentblößung, auch die vor der Kamera, sei stets schmerzhaft für ihn gewesen. Jenen Regisseuren aber, die ihn wirklich dazu bringen konnten – wie Lumet selbst in dem Gerichtsthriller »The Verdict – Die Wahrheit und nichts als die Wahrheit« (1982) –, schenkte er unvergessliche Szenen.

Berühmt ist Paul Newmans Galerie gebrochener Westernhelden: Sie spiegelten den Wandel des Genres wider, in dem sich der Abgesang auf den Mythos mit lockerer Ironie kreuzte. So war er der neurotische Billy the Kid in »Einer muß dran glauben« (1958) von Arthur Penn, versetzte in »Carrasco, der Schänder« (1964) die Hauptfigur aus dem japanischen Samurai-Film »Rashomon« von Akira Kurosawa in den Wilden Westen und eine seiner besten Rollen hatte er 1967 in Martin Ritts Edel-Western »Man nannte ihn Hombre«. Der Film erzählte den Loyalitätskonflikt eines von den Indianern großgezogenen weißen Mannes, der sein Leben für genau jene Menschen opfert, die ihn eigentlich ablehnen. In der Rolle des Hombre löste er den Trend des Hollywoodfilms aus, Westernhelden als Protagonisten einer Identitätskrise zwischen zwei Kulturen, zwischen Weiß und Rot, zu zeigen. Zusammen mit Robert Red-

ford kreierte er in »Butch Cassidy und Sundance Kid« einen Westernstil von Pop-Flair und »radical chic«. Eine weitere sarkastische Demontage eines berühmten Westernhelden gelang ihm mit seinem mythomanen Übermenschen Roy Bean. John Huston, der Regisseur von »Das war Roy Bean« (1972), lobte Newman, weil er mit ihm »Heldenlegenden als Lügengeschichten« erzählen konnte. Anmut, Intuition und Rhythmusgefühl seien Newmans Talente gewesen.

In Robert Altmans Showbusiness-Satire »Buffalo Bill und die Indianer« (1975) verwandelte er den legendären weißen Westernhelden Bill Cody dagegen kühl ins Abbild eines geschäftstüchtigen Impresarios. In seiner Darstellung des pompösen Scharlatans Buffalo Bill erkannte die Zeitschrift *Newsweek* den »Zynismus, mit dem Newman seine eigene Schauspieler-Karriere betrachtete«. Und Newman selbst meinte: »Buffalo Bill ist ein Amalgam aus sämtlichen legendären Helden der Geschichte. Der Hauptgrund, warum diese Rolle mir so viel Spaß gemacht hat, ist, dass der Film einen sauberen Mord begeht, an mir selbst und an Redford und Gable und Winston Churchill und Adolf Hitler und McQueen, denn kein Mensch kann jahrelang seine eigene Legende leben, am wenigsten Filmmenschen. Buffalo Bill war für mich der erste Filmstar; darauf habe ich meine Interpretation aufgebaut. Dieser Film ist ein großer Zirkus, ein Karneval, ein verrücktes altes Märchen. Ich kann nichts Schlechtes daran finden, wenn wir über unsere Helden lachen. Buffalo Bill ist ein Symbol. Ich weiß nicht, wie viel Macht er in Wirklichkeit hatte. Er war ein Star, weil die Groschenhefte ihn zu einem Star gemacht haben. Er war der Stoff, aus dem man Träume macht, und dieselben Phänomene erleben wir heute im Film.«

*

Als Paul Newman 2008 im Alter von 83 Jahren starb, sagte sein Kollege und enger Freund Robert Redford: »Es gibt Momente, in denen Gefühle nicht mehr in Worte zu fassen sind. Ich habe einen echten Freund verloren. Er hat mein Leben – und dieses Land – durch sein Dasein besser gemacht.« Und Arnold Schwarzenegger ehrte Newman als »ultimativ coolen Typen« und Vorbild für viele heutige Darsteller. James-Bond-Darsteller Daniel Craig, der zusammen mit Newman in »Road To Perdition« von 2002 vor der Kamera stand, würdigte ihn als »wirklich großartigen Mann«. Und Sam Mendes, der Regisseur des Films, meinte: »Zu sagen, er sei ein außergewöhnlicher Mann gewesen, wäre eine Untertreibung.« Newman habe sich »als arbeitenden Schauspieler, nicht als Filmstar« gesehen,

Aufnahme aus dem Jahr 1957

und darauf bestanden, dass alle es ebenso taten. »Es gab kein Ego, keine Entourage, keine Trittbrettfahrer. Nur Paul, sein Skript und seinen unglaublichen Geist.« Für Julia Roberts war er nicht nur ein Kollege, sondern auch ein persönliches Vorbild: »Er war mein Held«, erzählte die Schauspielerin der Zeitschrift *People*. Roberts hatte mit Newman in einem seiner Sozialprojekte zusammengearbeitet, das Sommerlager für kranke Kinder organisiert.

Auf die Welt kam Paul Newman 1925 in Cleveland Heights, einem gutbürgerlichen Vorort der Großstadt Cleveland im mittleren Westen der USA. Paul war der zweite Sohn von Arthur S. Newman, einem wohl-

»Das Gerede über Stars und Image verwirrt mich immer. Ich denke, es gibt Schriftsteller, Friseure, Mechaniker oder Rennfahrer, die bestimmte wiedererkennbare Persönlichkeiten haben, und ich glaube nicht, dass jemand einzigartiger wird, nur weil er zufällig auf der Leinwand zu sehen ist.«   Paul Newman

habenden jüdischen Geschäftsmann, der gemeinsam mit einem Partner ein Geschäft für Sportartikel betrieb. Pauls Mutter Theresa, geborene Fetzer, war eine Katholikin ungarischer Abstammung, die dann Mitglied der »Christian Scientist Church« war. Paul Newman selbst fühlte sich an keine Religionsgemeinschaft besonders gebunden. Wenn er darauf angesprochen wurde, soll er gesagt haben: »Ich bin Jude. Das ist eine größere Herausforderung.« Er war als Kind eher zierlich – auch später war er nur etwa 1,65 Meter groß – und ging aus den üblichen Rangeleien unter Schulkindern fast immer als Verlierer hervor. So lernte er, sich gegenüber Schmerzen unempfindlich zu zeigen. »Nicht gerade eine nützliche Eigenschaft für einen Schauspieler«, meinte Newman später einmal. Angeblich hat ihn die Schauspielerei in seiner Jugend nicht sonderlich interessiert, dafür wirkte er allerdings in ziemlich vielen Kinder- und Schüleraufführungen mit.

1942 meldete sich Paul Newman zur Marine. Seine wunderbaren blauen Augen stellten sich als farbenblind heraus. Bei den Marinefliegern war er als Bordfunker bei Patrouillenflügen in einem Torpedobomber auf der Jagd nach U-Booten im Pazifik dabei. Nach eigener Aussage war er nie in ernsthafte Kampfhandlungen verwickelt.

Nach dem Krieg besuchte Newman das Kenyon College in Gambier, Ohio. Dort war er für kurze Zeit Mitglied des Footballteams (man warf ihn wegen einer Kneipenschlägerei hinaus) und spielte bei studentischen Theateraufführungen mit. Damals wie später auch hielt er sich für einen eher weniger begabten Schauspieler, der sich seine Rollen hart erarbeiten

musste. »Die emotionalen Anforderungen des Schauspielberufes haben mich immer erschreckt«, erklärte er. »Schauspielen, das ist so, als ob man seine Hosen herunterlassen muss. Man steht entblößt da.« 1949 beendete er seine College-Ausbildung und spielte eine Saison lang Tournee-Theater. 1950 wurde er Mitglied des Woodstock-Ensembles in Woodstock, Illinois, wo er die Schauspielerin Jacqueline Witte kennenlernte und heiratete. Er hatte in 17 Produktionen mitgewirkt, und Jackie war mit dem ersten Sohn Scott schwanger, als sein Vater starb. Newman kehrte nach Hause zurück und trat ins väterliche Geschäft ein. »Er hat mich immer als Leichtgewicht gesehen«, erzählte Newman. »Und er hatte jedes Recht dazu.« Jahrzehnte später noch bedauerte Paul Newman, dass er seinem Vater, der alle Schauspielambitionen beiseite gewischt hatte, nie hat zeigen können, wozu er fähig war. »Eine der großen schmerzhaften Erfahrungen meines Lebens war es, dass er es nie erfahren hat.«

Vielleicht wäre Paul Newman Geschäftsmann und kein Schauspieler geworden, doch die Familie entschied sich, das Unternehmen zu verkaufen. Mit der ihm eigenen Bescheidenheit behauptete Paul Newman: »Ich wurde nicht von einer inneren Stimme zur Schauspielerei getrieben, sondern von der Angst, das elterliche Sportgeschäft führen zu müssen.« Nach dem Collegeabschluss besuchte er für ein Jahr die Yale Drama School, um – zunächst – eine Dozentenlaufbahn einzuschlagen. Ein Lehrer ermutigte Newman, sein Glück als Schauspieler zu versuchen, und gab ihm den Rat, nach New York zu gehen. Und so zog er nach Manhattan und ergatterte während der sogenannten »goldenen Jahre« beim Live-Fernsehen einige kleine Parts in einem halben Dutzend populärer TV-Shows wie »The Web«, »Danger« und »You Are There«.

Am Theater begann dann Paul Newmans steile Karriere. Als junger, unbekannter Schauspieler kam er 1953 in New York an, und bereits sechs Monate später stand er am Broadway auf der Bühne. In William Inges »Picnic« feierte er unter Regisseur Joshua Logan die ersten Erfolge. Logan sagte einmal zu Newman, ihm fehle die erotische Ausstrahlung. »Daran habe ich die nächsten zwanzig Jahre geknabbert«, erzählte Newman in einem Interview. New York sah Newman von vornherein als Feuerprobe an. Wäre er hier nicht in seinem Hang zum Theater bestätigt worden, hätte er die Schauspielerei vermutlich ganz aufgegeben.

Nach nur einmaligem Vorsprechen wurde er später im berühmten Actors Studio aufgenommen. Zu seinen Studienkollegen zählten unter anderem Eli Wallach, Rod Steiger, Geraldine Page und Julie Harris. Das Actors Studio in New York war 1947 von Elia Kazan

Aufnahme aus dem Jahr 1964

und Lee Strasberg gegründet worden, die maßgeblich für die Herausbildung eines neuen Schauspielstils sorgten. Das sogenannte »Method Acting« forderte die Identifikation eines Schauspielers mit seiner Rolle. Er sollte sie aus seinem Unterbewusstsein aktivieren. Unter anderem entdeckte Kazan Schauspieler wie Marlon Brando, James Dean, Karl Malden und Eva Marie Saint, die mithilfe dieser Lehre zu ihrem Schauspielstil fanden. Sein strenger Lehrer Lee Strasberg brachte Paul Newman bei, wie man Rebellentum und männlichen Schmerz überzeugend verkörpert, aber später kritisierte er, dass sein Schützling sich auf sein gutes Aussehen verlassen habe und fauler als die Kollegen

> **»Ich habe Glück gehabt, es hat mir Chancen gegeben und war mir hold. Deshalb möchte ich es weitergeben an diejenigen, die in ihrem Leben kein Glück gehabt haben und die nicht das Geld haben, ihrem Glück auf die Sprünge zu helfen.«** Paul Newman über seine wohltätige Arbeit

Marlon Brando und James Dean gewesen sei. Tatsächlich konkurrierten die drei gelegentlich miteinander.

Dank seiner Begabung und seiner Ausstrahlung dauerte es nicht lange, bis auch Hollywood auf Paul Newman aufmerksam wurde: 1953 wurde er von der Theaterzeitschrift *Theatre World* zum vielversprechendsten Nachwuchstalent gewählt, und Warner Brothers bot ihm bald darauf einen Sieben-Jahres-Vertrag an. Newmans Weg nach Hollywood war geebnet. Sein erster Leinwandauftritt wäre dabei fast auch sein letzter gewesen: Denn plötzlich steckte er in einem Kostüm, das er selbst als »Cocktailkleid« bezeichnete, und zwar als griechischer Sklave in dem Epos »Der silberne Kelch« (1954), das er immer kurz als »Dreck« charakterisiert hat. Newman fand seine Leistung in dem kitschigen Kostümfilm so schlecht, dass er Jahre später, als »Der silberne Kelch« einmal eine Woche lang im Abendprogramm einer Fernsehstation von Los Angeles zu sehen war, in der *Los Angeles Times* eine Anzeige aufgab: »Paul Newman entschuldigt sich bei Ihnen für jeden Abend dieser Woche.«

Nach dem Filmdebüt in dem Historienschinken war Newmans Filmeuphorie schnell wieder verflogen. Als man ihm einen neuen Broadway-Part anbot, kehrte er Hollywood ohne Zögern den Rücken und zimmerte mit »The Desperate Hours« erst mal weiter an seiner Theaterkarriere. Zwei Jahre sollten verstreichen, bis er eine weitere Filmrolle annehmen würde, denn schon vom Beginn seiner Filmlaufbahn an musste Newman sich dagegen zur Wehr setzen, vermarktet und in ein bestimmtes Klischee gepresst zu werden. Die PR-Strategen bei Warner Brothers wollten Newman nur allzu gern als einen zweiten Marlon Brando, einen jüngeren Montgomery Clift oder gar als Nachfolger James Deans verkaufen. Eine gewisse Ähnlichkeit des Mimen mit dem jungen Marlon Brando ist nicht von der Hand zu weisen, manchmal soll Newman auch Autogrammkarten mit dem Namen Marlon Brando unterzeichnet haben. Newmans erste große Rolle, den Boxer Rocky Graziano in »Die Hölle ist in mir«, hätte eigentlich James Dean spielen sollen, und auch Montgomery Clift hatte abgelehnt. Zuvor hatte Newman schon beim Casting für »Die Faust im Nacken« (1954) gegen Brando den Kürzeren gezogen und für »Jenseits von Eden« (1955) vergeblich für die Rolle von Deans kleinem Bruder vorgesprochen.

*

Aus der »method generation« des New Yorker Actors Studio hatte Paul Newman als Einziger wirklich überlebt, weil er nichts von der Ichbezogenheit, der Wehleidigkeit hatte, an der die anderen – Dean, Clift, Beatty, Brando – laborierten. Durch seine unverfrorene Schalkhaftigkeit überwand er diesen Schauspielstil; auch wenn er Außenseiter- und Verliererfiguren spielte, widerstand er dabei anders als seine Kollegen vom Actors Studio stets der Versuchung des Over-Acting: Auch seinen düstereren Rollen gab er immer eine gewisse zurückhaltende Ironie und Lakonie. Paul Newman verfolgte zäh sein Ziel, das da hieß: »Ich will als Paul Newman Erfolg haben und nicht als eine männliche Marilyn Monroe.« Sein Interesse galt anspruchsvolleren Rollen und Sujets. Erst durch »Anklage: Hochverrat« und »Die Hölle ist in mir« (beide 1956) begeisterte sich Newman aufs Neue für das Medium Film; dieses Mal endgültig. In »Anklage: Hochverrat« spielte er einen aus Korea heimkehrenden Kriegsgefangenen, der von seinen Kameraden als Verräter gebrandmarkt wird. Arnold Lavens Film griff ein damals ziemlich brisantes Thema auf. Newmans neun Minuten lange Verteidigungsrede – einer der Höhepunkte des Films – wurde in einer einzigen Einstellung gedreht. Das war zur damaligen Zeit ein Rekord: Es war die längste Filmeinstellung ohne Schnitt.

Es folgten Filme wie Michael Curtiz' »Ein Leben im Rausch« (1957), Arthur Penns »Einer muß dran glauben« (1958), Martin Ritts »Der lange heiße Sommer« (1958) und Richard Brooks' »Die Katze auf dem heißen Blechdach« (1958). Newman war als Kassenmagnet etabliert. Die nächste große Rolle war die des Palästinensers Ari Ben Canaan in Otto Premingers Epos »Exodus« über die Gründung des Staates Israel. Newman reiste eigens für die Vorbereitungen dieses Parts nach

Aufnahme aus dem Jahr 1964

Israel, um die spezifische Atmosphäre des Landes zu studieren. Diese aufwendige Art des Herantastens an eine Rolle rührte offensichtlich von der realistisch fixierten Ausbildung am Actors Studio her. Für spätere Produktionen etwa lernte Newman aus perfektionistischen Motiven das Posaunenspiel (»Paris Blues«, 1961), Poolbillard (»Haie der Großstadt«, 1961), oder er beobachtete den Alltag in einem Indianerreservat (»Man nannte ihn Hombre«, 1967).

Zum absoluten Kassenhit wurde Newman, als er in zwei Filmen Seite an Seite mit Robert Redford spielte: »Butch Cassidy und Sundance Kid« von George Roy Hill war ein heiter-melancholischer Abgesang auf das

> **»Joanne hat mich immer bedingungslos bei all meinen Entscheidungen und Bestrebungen unterstützt, und dazu gehört auch der Motorsport, den sie missbilligt. Das muss wahre Liebe sein.«**   **Paul Newman**

Genre des Westerns, der Film wurde 1969 mit drei Oscars ausgezeichnet. Vier Jahre später wiederholte das Trio Newman/Redford/Hill diesen Erfolg mit der Kriminalkomödie »Der Clou«, die es sogar auf sieben Oscars brachte. »Zu schade, dass diese beiden Burschen am Ende sterben«, bedauerte Newman bei »Butch Cassidy und Sundance Kid«. »Die hätten im Kino ewig weiterleben können.« In diesem Film ist Paul Newman der eigentliche Partner Robert Redfords (auch wenn es eine heterosexuelle Gespielin gibt), was Richard Dyer in seinem Buch »Stars« aus dem Jahr 1979 zu der rhetorischen Frage veranlasste, für wen Redford wohl derart erotisch ausgeleuchtet würde. Andere Autoren waren weniger zurückhaltend: Sowohl »Butch Cassidy und Sundance Kid« wie »Der Clou« wurden in den 1970er-Jahren häufig als »schwule Liebesgeschichte« oder als »eine ganz besondere Liebesgeschichte« beschrieben, wobei dem blonden Redford durchweg der »feminine« Part in der Beziehung zugewiesen wurde. So argumentierte ein Redford-Biograf: »Die Schwulen waren davon überzeugt, dass ›Der Clou‹ eigentlich eine schwule Liebesgeschichte sei. Und sie hatten ganz gute Gründe für diese Überzeugung. Es gab zwar Frauen im Leben von Bob und Paul, aber am Ende fanden immer die beiden zum Paar zusammen – jedenfalls auf der Leinwand.«

In einem Werk über die »großen Teams von Hollywood« widmete der Autor Garson Kanin 1981 Redford und Newman ein Kapitel, das mit den Sätzen endete: »Ohne lange um den heißen Brei herumzureden, kann man sagen, dass sie eine besondere Form der Liebesgeschichte spielen. Sie sind ineinander verliebt – und darum lieben wir sie.«

Newman und Redford hatten der Filmgeschichte eigentlich noch einen dritten gemeinsamen Film hinzufügen wollen, eine Adaption des Bill-Bryson-Klassikers »A Walk In The Woods« (deutsch: »Picknick mit Bären«). Der rapide abbauende Newman hatte das Projekt jedoch in letzter Minute absagen müssen. Seine Rolle wäre die von Stephen Katz gewesen, eines übergewichtigen, ungehobelten Ex-Alkoholikers. Als Paul Newman im amerikanischen Fernsehen gefragt wurde, ob er in »Ein unmoralisches Angebot, Teil 2« für eine Million Dollar mit Robert Redford ins Bett gehen würde, sagte er: »Aber ja! Ohne zu zögern!« Bei derselben Frage der Wochenzeitung *Die Zeit* bekam Robert Redford einen Lachanfall: »Er verschluckt sich an seinem Kaffee und bekommt einen roten Kopf. Als er sich beruhigt hat, ist unser Gespräch auch schon fast vorbei. Beim Abschied scheint er immer noch über die Eine-Million-Dollar-Frage nachzudenken, jedenfalls lächelt er versonnen in sich hinein. Schließlich ruft er durch den Flur der Suite hinterher, so freundlich, wie nur ein Robert Redford rufen kann: ›Nicht genug!‹«

Allzu viel Achtung für die Filmindustrie hat Paul Newman im Lauf seiner Karriere nicht entwickelt. Was solle ein Schauspieler in einer Industrie, deren größte Darsteller laut Newman »zwei Roboter ›Krieg der Sterne‹ und ein Hai ›Der weiße Hai‹« sind, meinte er in den 1970er-Jahren. Der Drehbuchautor William Goldman nennt Newman ein Opfer des »Cary-Grant-Syndroms«: »Bei ihm sieht alles so leicht aus, er sieht so wunderbar aus, dass alle glauben, dass er überhaupt nicht spielt.«

Paul Newman wurde 1958 für seine Rolle in »Die Katze auf dem heißen Blechdach« zum ersten Mal für einen Oscar nominiert. Sieben weitere Nominierungen folgten: Für »Haie der Großstadt« (1961), »Der Wildeste unter Tausend« (1963), »Der Unbeugsame« (1967), »Die Sensationsreporterin« (1981), »The Verdict – Die Wahrheit und nichts als die Wahrheit« (1982), »Nobody's Fool – Auf Dauer unwiderstehlich« (1994) und »Road To Perdition« (2002). Seinen ersten Oscar erhielt er dann 1986 für sein Gesamtwerk: »In Anerkennung seiner zahlreichen denkwürdigen schauspielerischen Leistungen sowie seiner persönlichen und künstlerischen Integrität.« Und im darauf folgenden Jahr wurde Newman als bester Hauptdarsteller in »Die Farbe des Geldes« mit dem begehrten Preis ausgezeichnet. Den späten Oscar-Gewinn 1987 kommentierte Newman so: »Ich hoffe, ich verdanke diese Ehre nicht nur dem Seniorenbonus. Es ist so, als wäre man achtzig Jahre lang hinter einer wunderschönen Frau her. Am Ende ergibt sie sich und man selbst sagt: Tut mir furchtbar leid, aber ich bin müde.«

14

Seinen dritten und letzten Oscar gewann er schließlich 1994 für sein soziales Engagement.

Newman selbst stellte seine schauspielerischen Qualitäten gerne infrage, war aber überzeugt davon, dass er die besten Salatdressings machen konnte. Anfang der 1980er-Jahre begann er gemeinsam mit seinem langjährigen Freund A. E. Hotchner, sein selbst kreiertes Salatdressing als Weihnachtsgeschenk in Flaschen abzufüllen. Die Nachfrage danach war so groß, dass Hotchner und Newman im Jahr 1982 über eine Vermarktung nachdachten. Sie steuerten beide je 40.000 Dollar bei, um das Dressing bei einem privaten Abfüller produzieren zu lassen. Daraus wurde der Ge-

»Auf der Feindesliste von Präsident Nixon zu stehen, war die höchste Ehre, die mir jemals zuteil wurde.«　　　　　Paul Newman

schäftszweig Newman's Own, der Pastasaucen, Salatdressings und Kekse auf den Markt bringt. Hotchner überredete den als öffentlichkeitsscheu geltenden Newman, sein Konterfei auf die Flaschen drucken zu lassen. Doch Newman stimmte nur unter einer Bedingung zu: Sämtlicher Gewinn nach Steuern sollte für wohltätige Zwecke ausgegeben werden. »Wenn ich einen Plan hätte, wäre ich damit böse auf die Nase gefallen«, steht groß auf einem Schild im Hauptsitz von Newman's Own im US-Bundesstaat Connecticut. Tatsächlich entstand Newman's Own mehr aus einem Witz als aus Kalkül – und wuchs trotzdem zu einem Unternehmen mit Millionenumsätzen heran. Paul Newman behauptete sogar einmal, damit mache er mehr Geld als mit seinen Filmen. Auf den Verpackungen posiert er mit Latzhose und Mistgabel neben seiner Tochter Nell, eine Parodie auf das berühmte Gemälde »American Gothic« von Grant Wood.

In den ersten Jahren wuchs Newman's Own völlig ohne Werbeeinschaltungen um jährlich 20 Prozent. Erst Anfang der 1990er-Jahre gab es Kooperationen mit Fast-Food-Ketten, Anzeigen und letztlich ein professionelles Management. Hinter Newman's Own steht nach wie vor ein äußerst schmaler Mitarbeiterstab: Seine Millionenumsätze erzielt das Unternehmen mit nicht einmal dreißig Mitarbeitern. Alle Reinerlöse der Newman-Firma, die von einer seiner vier Töchter geführt wird, bekommen Hilfsorganisationen. Dazu gehört die Scott Newman Foundation, die sich zum Ziel gesetzt hat, den Drogenkonsum unter Jugendlichen einzudämmen. Benannt ist sie nach Paul Newmans Sohn, der 1978 an einer Überdosis starb. Mit Millionen unterstützt die Newman-Stiftung auch Erholungslager für unheilbar kranke Kinder. Die Camps heißen »Hole in the Wall« – genau wie die Bande, mit der Newman als Butch Cassidy und Robert Redford als sein Freund

Sundance Kid in dem Western Eisenbahnen und Banken überfielen. Paul Newman wollte mit den Camps Orte schaffen, an denen die kranken Kinder Angst, Schmerzen und Isolation vergessen, abschalten und Krach machen können. Inzwischen gibt es weltweit fast ein Dutzend Camps, mit Zusatzprogrammen in Afrika und Vietnam. Dadurch hatten weit über 150.000 Kinder die Chance, zu erfahren, was Kindheit eigentlich bedeutet. Sein soziales Engagement begründete Paul Newman einmal damit, dass »man nicht aufhört, ein Staatsbürger zu sein, wenn man einen Schauspielerausweis der Gewerkschaft hat. Ich möchte das Glück, die Möglichkeiten und das Wohlwollen, die mir zuteil wurden, ebenso anerkennen wie im Gegensatz dazu die Brutalität im Leben anderer, denen das Lebensglück nicht vergönnt sein mag, etwas zu verändern.«

Am ausgeglichensten, das heißt am glücklichsten, war Paul Newman immer bei seinen fünf Kindern und bei seiner Frau Joanne Woodward, deren Vorzüge er so zusammenfasste: »Sie hat eine gute Figur und sie macht eine verdammt gute Sauce hollandaise.« Und dann, durchaus ernster: »Ich brauche sie einfach.« Nach der Scheidung von seiner ersten Frau Jacqueline Witte (1912–1998) im Jahr 1957 heiratete er 1958 Joanne Woodward. Mit ihr war er glücklich bis zum Ende seines Lebens – im Januar 2008 feierten sie noch ihre Goldene Hochzeit. So war das Paar jene strahlende Ausnahme im sonst so treulosen Showgeschäft. Zehnmal standen Newman und Woodward gemeinsam vor der Kamera – und viermal spielte sie unter seiner Regie. Legendär wie ihre fünfzig Jahre während Liebe war auch Newmans Erklärung, warum er Versuchungen widerstehe: »Warum sollte ich mich mit einem Hamburger abgeben, wenn ich zu Hause ein Steak habe?« Aus dieser Verbindung gingen drei Töchter hervor, Nell, Lissy und Clea. Aus der ersten Ehe von Paul Newman mit Jacqueline Witte stammen die Töchter Stephanie und Susan. Drei der fünf Töchter von Paul Newman sind ebenfalls Schauspielerinnen, Tochter Nell folgte dem Vater an die Spitze von Newman's Own.

Joanne Woodward wurde 1930 in Thomasville, Georgia, im Süden der USA geboren. Ihrer Erinnerung nach hatte sie schon in frühester Jugend den Wunsch, Schauspielerin zu werden. Sie wirkte bereits im ersten Schuljahr in Schüleraufführungen mit und spielte später während ihrer Jahre an der Universität Theater. In den frühen 1950er-Jahren ließ sie sich am Neighborhood Playhouse und am Actors Studio ausbilden. Als Elevin spielte sie ihre erste bemerkenswerte Bühnenrolle 1955 – wie schon 1953 Paul Newman – in einer Broadway-Produktion von »Picnic«. »Wir waren damals alle überrascht, als ›Picnic‹ so ein großer Er-

Aufnahme aus den 1960er-Jahren

16

folg wurde«, erzählte Joanne Woodward später. Kurz darauf folgte ein Vertrag mit 20th Century Fox, der den Beginn von Woodwards Kinokarriere markierte. Ihr Spielfilmdebüt gab sie 1956 mit »Zähle bis drei und bete«. Bereits 1957 erhielt sie die höchste Auszeichnung, die Hollywood zu vergeben hat: Für die schwierige und anspruchsvolle Rolle einer schizophrenen Frau in »Eva mit den drei Gesichtern« wurde sie als beste weibliche Darstellerin mit dem Oscar ausgezeichnet. Seitdem gehörte sie zu den virtuosesten Schauspielerinnen Hollywoods. Wegen ihrer für Hollywoodmaßstäbe unvollkommenen Schönheit und ihrer überdurchschnittlichen Intelligenz spielte sie oft die Rolle der frustrierten Frau, die ihr erstes Liebesabenteuer erlebt.

»Als mir bewusst wurde, dass ich mich ›prostituieren‹ und mein Gesicht auf die Etiketten drucken lassen musste, beschloss ich, alle Gewinne zu spenden – das war der einzige Weg, wie ich es machen konnte. Über die Jahre hat diese ethische Haltung unseren Umsatz um dreißig Prozent gesteigert. Jeder dritte Kunde kauft meine Produkte, weil alle Gewinne für einen guten Zweck sind, und der Rest kauft das Zeug, weil es gut ist.« Paul Newman über sein Unternehmen Newman's Own

Als Paul Newman sich bei dem Film »Die Liebe eines Sommers« (1968) zum ersten Mal hinter der Kamera als Regisseur versuchte, besetzte er seine Frau Joanne für die Hauptrolle. Die beiden arbeiteten immer wieder gerne gemeinsam. Newman meinte dazu: »Wenn wir zusammenarbeiten, dann wissen wir beide, dass wir uns nicht mit alten Tricks durch eine Sache hindurchschmuggeln können, dazu kennen wir uns zu gut.« Obwohl »Die Liebe eines Sommers« allgemein als Paul Newmans erste Regiearbeit bezeichnet wird, hatte er bereits 1961 den 28-minütigen Film »On The Harmfulness Of Tobacco« nach einem Theaterstück von Anton Tschechow inszeniert. Für »Die Liebe eines Sommers« erhielt er den Preis der New Yorker Filmkritiker. Insgesamt inszenierte Newman sechs abendfüllende Spielfilme.

Joanne Woodward kann auf eine der respektabelsten amerikanischen Bühnen-, Fernseh- und Filmkarrieren zurückblicken. Ähnlich wie bei Newman haben sich auch bei ihr bestimmte Charakteristika für ihre Leinwandpersönlichkeit herausgebildet. Ihre vielen verschiedenen Rollen haben – mit Ausnahme der wenigen Komödien, in denen sie spielte – eines gemeinsam: die vielschichtige Interpretation, mit der es ihr gelingt, sehr komplexe Charaktere auf der Leinwand lebendig werden zu lassen. Zu ihren stärksten Filmen zählen »Die Liebe eines Sommers« (1968) und

»Die Wirkung von Gammastrahlen auf Ringelblumen« (1972), die beide von ihrem Ehemann inszeniert wurden. »Paul hat eine sehr spezielle Art, mich zu führen, was kein Wunder ist, wenn man bedenkt, wie lange wir schon zusammenleben und zusammenarbeiten«, erklärte Joanne Woodward über die Zusammenarbeit mit ihrem Mann: »Er weiß, dass ich es nicht mag, wenn man mir alles erklärt. Manche Leute brauchen viel mehr. Ich brauche viel weniger. Ich habe manchmal eine Rolle hingeschmissen, weil der Regisseur mir alles und jedes bis ins letzte Detail erklärt hat. Mir bleibt dann nichts mehr zu entdecken. Paul macht das nicht. Er sagt ein Wort, einen Satz – und das reicht.«

Neben Theaterrollen hat Joanne Woodward vor allem fürs Fernsehen gearbeitet. Für ihre Fernsehfilme hat sie fünf Emmy-Nominierungen und eine Emmy-Auszeichnung erhalten. »Mir macht das Spielen mehr Spaß als je zuvor«, meinte sie Ende der 1980er-Jahre über ihre Bühnenauftritte. »Jetzt sind unsere Kinder erwachsen. Ich brauche keine Schuldgefühle mehr zu haben, wenn ich mich meiner Arbeit widme.« Nebenbei studierte Joanne Woodward Politische Wissenschaft und Philosophie an der Universität. Neben ihrer Arbeit als Schauspielerin hat sie wie ihr Mann Paul Newman auch ins Regiefach gewechselt: Für die TV-Serie »Eine amerikanische Familie« inszenierte sie in den 1970er-Jahren zwei Episoden und 1982 entstand das Fernsehspiel »Come Along With Me«. Außerdem hat Joanne Woodward auch als Theaterregisseurin gearbeitet. »Doch bei aller Begeisterung für unsere Arbeit«, meinte sie in den 1970er-Jahren, »haben weder Paul noch ich je versucht, auf unsere Kinder in dieser oder jener Richtung Einfluss zu nehmen, was eine Bühnen- oder Filmkarriere betrifft. Aber es war dann doch eine ganz wunderbare Erfahrung, gemeinsam mit Paul und unserer ältesten Tochter Nell an dem Film ›Die Wirkung von Gammastrahlen auf Ringelblumen‹ mitzumachen.«

Paul Newman hat sich auf lokaler wie auch auf nationaler Ebene in der Politik engagiert. Er betrachtete sich als Liberaler, 1963 nahm er an den Märschen der Bürgerrechtsbewegung der Schwarzen teil. Er trat als Redner bei Anti-Atom-Kundgebungen auf und hat sich für die Rechte der Homosexuellen engagiert: »Schon als Kind konnte ich Angriffe gegen Homosexuelle nicht verstehen. Der Mensch hat so viele Qualitäten – wenn ich all die Dinge aufzählen sollte, die ich an Menschen wirklich schätze, dann steht die Frage, was sie in ihrem Intimleben machen, so weit unten, dass es unerheblich ist.« Newmans Einsatz für die Gleichberechtigung der Afroamerikaner fand 1970 in dem preisgekrönten Dokumentarfilm »Dann war mein Leben nicht umsonst«

Bei Dreharbeiten auf einem Dach in New York in den 1960er-Jahren

über den amerikanischen Pastor und Bürgerrechtler Martin Luther King ihren Niederschlag. Unter der Co-Regie von Joseph L. Mankiewicz und Sidney Lumet sprach er den Kommentar zum Film. 1968 unterstützte Paul Newman den Präsidentschaftskandidaten Eugene McCarthy mit seiner Anti-Vietnam-Agenda. Auf der berüchtigten Feindesliste des Präsidenten, die Richard Nixons Berater 1971 zusammenstellten, schaffte er es nicht zuletzt deshalb auf Platz 19. »Auf der Feindesliste von Präsident Nixon zu stehen, war die höchste Ehre, die mir jemals zuteil wurde. Wer weiß schon, wer mich jetzt abhört und auf welcher Regierungsliste ich jetzt stehe«, merkte Newman lakonisch an. Dabei scheute

»Man fragt sich immer, wie mutig man eigentlich ist. Bis es so weit ist, weiß man es nie genau.«   Paul Newman über seine eigene Sterblichkeit

er auch vor Konfrontationen mit Kollegen wie etwa dem konservativen Charlton Heston nicht zurück, mit dem er sich im Fernsehen ein erbittertes Streitgespräch zur Abrüstungskampagne »Freeze« lieferte. US-Präsident Jimmy Carter ernannte Paul Newman 1978 zum Delegierten für eine Abrüstungskommission der Vereinten Nationen.

Für Paul Newman war es besonders schmerzlich, als sein Polizeithriller »The Bronx« (1981) als rassistisch bezeichnet wurde: »Wenn man jedoch so lange im öffentlichen Leben steht, wie ich es tue, hat man sich ein dickes Fell zugelegt. Ich habe nie geglaubt, dass ich es gerade auf diesem Gebiet brauchen würde. Aber ich bin in meinem Herzen überzeugt, dass der Film nicht so ist, wie seine Gegner behaupten. Es ist ein harter Film. Er ist hart gegen Schwarze, hart gegen Puertoricaner, hart gegen Polizisten. Aber wenn man einen Film über Polizisten macht, kann man sie nicht beim Ostereiersuchen und auf Hochzeiten zeigen.«

Gerade mit den späten, weniger energetischen, dafür nachdenklicheren Rollen wie in Sidney Lumets Gerichtsfilm »The Verdict – Die Wahrheit und nichts als die Wahrheit« (1982) oder in Robert Bentons Kleinstadtdrama »Nobody's Fool – Auf Dauer unwiderstehlich« (1994) fühlte Paul Newman sich am wohlsten. Die Idee bürgerlicher Rechtschaffenheit, die in diesen Filmen diskutiert wurde, entsprach seinem eigenen Lebenskonzept. Und so verschwand zunehmend der Ehrgeiz, auch in gegensätzliche Charaktere zu schlüpfen. »Früher wollte ich mich den Figuren anpassen«, sagte er dazu. »Heute lasse ich sie in mich hinein.« Eine dieser Figuren war der General Leslie R. Groves, den Paul Newman 1989 in dem Film »Die Schattenmacher« verkörperte. Groves' Rolle bei der Geburt des Atomzeitalters wird in historischen Berichten oft übersehen,

darin findet er fälschlicherweise meist nur als »Clown« Erwähnung. Einer der zentralen Punkte des Filmes ist das Bemühen, Groves als treibende Kraft hinter der Entwicklung der ersten Atombombe darzustellen: »Ohne Groves hätte es, so glaube ich, die Bombe nicht gegeben«, stellte Paul Newman fest. »Er war ein außergewöhnlicher Lenker. Groves war verantwortlich für den Bau des Pentagon. Er war eine treibende Kraft und hätte es nie zugelassen, dass sich ihm etwas in den Weg stellt«.

*

Neben dem sozialen und politischen Engagement und der Schauspielerei war der dritte Fixpunkt im Leben von Paul Newman der Motorsport: »Manchmal«, spottete er, »wünsche ich mir schon, der Schauspieler Laurence Olivier oder der Rennfahrer Mario Andretti zu sein, aber anscheinend wünsche ich es mir nicht ernsthaft genug.« Dabei war er unter dem »Pseudonym« P. L. Newman (das L. steht für Leonard) ein durchaus erfolgreicher Rennfahrer. Die Leidenschaft für schnelle Autos hatte Newman seit seiner Hauptrolle in »Indianapolis« (1969) gepackt, wo er einen Rennfahrer spielte. Danach hat er aktiv an zahlreichen großen Rennen teilgenommen. Als er 1972 damit anfing, musste er noch um Anerkennung bei den Rennprofis kämpfen. Doch das änderte sich bald. Mit einem Porsche Turbo 935 belegte er unter anderem den zweiten Platz beim 24-Stunden-Rennen von Le Mans. 1984 widmete sich Newman sogar ausschließlich dem Rennsport. Er zählte zu den besten Amateurfahrern der USA und war viermal Gewinner der GTI-Klasse bei der Sports Club of America National Championship, Road Atlanta. »Paul stellt sich gerne selbst auf die Probe«, meinte Joanne Woodward. »Dadurch bleibt er lebendig. Er besitzt sehr viel Mut, eine Eigenschaft, die heute im Leben vieler Menschen nicht mehr so viel zählt.« Auch beim 24-Stunden-Langstreckenklassiker in Daytona war Newman mehrfach erfolgreich. Noch als Siebzigjähriger wurde er 1995 mit seinen Teamkollegen Dritter im Gesamtklassement und siegte in seiner Klasse.

Noch erfolgreicher war Newman als Teamchef des Newman/Haas-Teams. Sein Rennstall, den er zusammen mit dem Chicagoer Rennwagen-Importeur Carl Haas führte, ist in der Champ-Car-Serie mit acht Titeln Rekordhalter. Viele bekannte Rennfahrer fuhren in Newmans Team: Nigel Mansell (Titel 1993), Sébastien Bourdais (der Franzose holte in der Champ-Car-Serie von 2004 bis 2007 vier Jahre in Folge den Titel), Mario Andretti (Titel 1984), Michael Andretti (Titel 1991), Cristiano da Matta (Titel 2002), Teo Fabi und Christian Fit-

Aufnahme aus den 1960er-Jahren

tipaldi. »Rennfahren ist die beste Art, die ich kenne, all dem Müll in Hollywood zu entkommen«, erklärte Paul Newman. 2005, mit achtzig Jahren, gewann Newman beim Kartfahren gegen den Talkmaster Jay Leno, der dieselbe Leidenschaft teilt, bei einem Auftritt in dessen Show. Newman konnte mit der Hollywood-Schickeria nichts anfangen – und sie auch nur sehr wenig mit ihm. Er suchte Selbstbestätigung nicht auf Partys, sondern »indem ich meine eigenen Möglichkeiten und Fähigkeiten ständig auf die Probe stelle. Was mich antreibt, ist ganz einfach Angst«, sagte er in einem der seltenen Momente, in denen er sich Journalisten gegenüber zu längeren Auskünften hinreißen ließ. »Ich habe Angst

»Vor 25 Jahren konnte ich nicht rausgehen, ohne erkannt zu werden. Jetzt setze ich eine Mütze auf, kann überall hingehen und kein Mensch kümmert sich um mich. Niemand fragt nach meinen Filmen und niemand fragt nach meinem Salatdressing, weil keiner weiß, wer ich bin. Ob ich froh darüber bin? Aber sicher.«
Paul Newman

und ich versuche, dagegen anzukämpfen. Das beginnt schon damit, dass ich mich morgens zwinge aufzustehen, das gilt für meine Teilnahme an Autorennen oder auch für meine Filmrollen. Es ist wie beim Autorennen. Man muss vorn bleiben und den anderen den Hintern zeigen. Wer auf Sicherheit geht, gewinnt nicht.« Die Filmschauspielerei blieb für ihn »im Grunde ein lächerlicher Job« und »die falsche Methode für einen erwachsenen Mann, zu Geld zu kommen«.

Paul Newman war der gute Mensch von Hollywood, ein amerikanisches Idol und ein Wohltäter: Keine Aufschneidereien, keine Affären, keine Abstürze, keine Skandale. Obwohl er über seine Beziehung zu seiner Frau Joanne Woodward einmal meinte: »Sie hat einen beruhigenden Einfluss auf meine Exzesse, die immer noch unregelmäßig sind, aber jetzt in Bahnen gelenkt werden.« Zu den Exzessen des Kettenrauchers zählte wohl auch der Alkoholkonsum, denn oft waren sich die Chronisten uneins über die Anzahl der Biergläser, die Paul Newman im Laufe eines Tages zu leeren pflegte. Die Angaben schwankten zwischen 15 und 25.

»Paul Newman hat viele unvergessliche Rollen gespielt. Aber die, auf die er am stolzesten war, wurden nie im Abspann eines Films genannt: hingebungsvoller Ehemann, liebender Vater, bewundernder Großvater«, hieß es nach seinem Tod in einer Erklärung der drei Töchter, die Newman gemeinsam mit Joanne Woodward hatte: »Bis zum Schluss war Dad dankbar dafür, wie gut es das Schicksal mit ihm gemeint hat. In seinen eigenen Worten: ›Es ist ein Privileg, hier zu sein.‹ Die, deren Leben er berührt hat, werden ihn zutiefst vermissen, aber er hat eine Inspiration hinterlassen, aus der alle Kraft schöpfen können. Wir bitten darum, dass während dieser schweren Zeit unsere Privatsphäre gewahrt wird.«

Lange dauerte die Rücksichtnahme allerdings nicht: Ein Jahr nach Newmans Tod bezeichnete ihn Shawn Levy in seinem Werk »Paul Newman: A Life« als Womanizer und Alkoholiker, der immer eine Kette mit einem Flaschenöffner um den Hals trug. Und der Autor Darwin Porter veröffentlichte in seinem Buch »Paul Newman – The Man Behind The Baby Blues« posthum ein Interview mit Marlon Brando aus dem Jahr 2004, in dem dieser Paul Newman als bisexuellen und untreuen Ehemann beschreibt. Laut Brando hatte er ständig Affären mit Stars. Darunter seien unter anderem Grace Kelly, Judy Garland, Natalie Wood, Marilyn Monroe sowie James Dean gewesen. Die Familie Paul Newmans erklärte, dass Porter die Gerüchte, Newman sei bisexuell gewesen, nur in Umlauf bringe, um sein Buch besser zu verkaufen.

Bei seinem letzten Fernsehauftritt im Mai 2007 gab Paul Newman seinen Rückzug von Leinwand und Bühne bekannt: »Ich bin nicht mehr in der Lage, auf dem Niveau zu arbeiten, wie ich das gerne würde. Es gibt einen Punkt, an dem man aufhören muss. Ich gehe jetzt seit 15 Jahren in Rente. Irgendwann muss man es wirklich machen, sonst glauben einem die Leute nicht mehr. Damit ist dieses Kapitel in meinem Leben beendet.«

Im Juni 2008 wurde bekannt, dass Newman an Lungenkrebs litt. Im August verschlechterte sich sein Zustand derart rapide, dass er die Chemotherapie in einer New Yorker Klinik abbrach. Er verstarb am 26. September 2008 in seinem Haus in Westport, Connecticut, im Kreise seiner Familie und enger Freunde. Über sein Krebsleiden hat er nie öffentlich gesprochen. Das Gerücht, er hätte Krebs, dementierte er mit der Behauptung, es handele sich um »Fußpilz und Haarausfall«.

Über seinen Ruf in der Nachwelt sinnierte Paul Newman einmal: »Mir würde es gefallen, wenn die Leute denken würden: Hinter diesem Newman stecken ein Typ, der zupackt, ein Herz und ein Talent, das nicht von seinen blauen Augen kommt.« Auch der Regisseur Martin Ritt war der festen Überzeugung: »Am Ende erkennt man einen Mann daran, was er tut. Nicht daran, was er sagt, oder wie blau seine Augen sind.« Und doch werden es immer diese stahlblauen Augen sein, die den großen Paul Newman unvergessen sein lassen.

Aufnahme aus den 1980er-Jahren

Paul Newman machte nie einen Hehl aus sei-
ner politischen Einstellung. In den 1960er-
und 1970er-Jahren protestierte er gegen den
Vietnamkrieg und nahm an verschiedenen
Demonstrationen teil, unter anderem für die
Bürgerrechtsbewegung der Afroamerikaner.

Oben: Paul Newman 1968 in Indianapolis bei
der Kampagne für den Präsidentschaftskandidaten der Demokraten, Eugene McCarthy
Unten: Newman 1968 beim Tennisspielen in
Westport, Connecticut. Rechts: Aufnahme
aus den 1960er-Jahren

»Paul war einzigartig, er liebte Autorennen, besonders IndyCar.« Michael Andretti, Indy-Car-Rennstallbesitzer und Rennfahrer

Oben: Paul Newman in den 1970er-Jahren, unten: als Rennfahrer beim Autorennen im Jahr 1978

»Männer haben in ihrem Leben viele Leidenschaften. Eine neue Leidenschaft vertreibt
die vorherige.« Paul Newman

Paul Newman behauptete, sein Lieblings-
geräusch sei das eines V8-Motors. Hier als
Rennfahrer beim Seattle Racing 1983.

Links: Hochzeit von Paul Newman und Joan-
ne Woodward am 29. Januar 1958. Rechts:
Die beiden im Februar 1958 in ihrer Küche in
Beverly Hills.

»Ich frage meine Frau niemals, was sie an
mir stört. Stattdessen versuche ich, sie dazu
zu bringen, diese Mängel zu ignorieren und
sich auf meinen Humor zu konzentrieren.
Kein Mann möchte, dass eine Frau nach-
sieht, was sich hinter der Fassade befindet,
denn da gibt es viele Mängel.«

Paul Newman

»Ich mag Autorennen, aber Kochen und Filme sind aufregender. Das kann ich nicht aufgeben. Bei einem Autorennen kann man sich bis zum letzten Tausendstel einer Sekunde sicher sein, dass einer der Beste ist. Aber bei einem Film oder einem Rezept kann man nicht wissen, was bei all den Zutaten am Ende herauskommt. Die besten können sich als schrecklich erweisen und die schlechtesten können fantastisch sein. Kochen ist wie Auftreten und Auftreten ist wie Kochen.«
Paul Newman

Paul Newman war bis zu seinem Tod 2008 fünfzig Jahre lang mit der Schauspielerin Joanne Woodward glücklich verheiratet. Das Paar bekam drei Töchter.

Links Joanne Woodward und Paul Newman im Jahr 1958, rechts in den 1960er-Jahren.
Auch beruflich arbeiteten die beiden gerne zusammen.

Joanne Woodward und Paul Newman im Wandel der Zeiten: Rechte Seite in den 1960-er Jahren. Diese Seite oben links im Jahr 1962, unten links in den 1980er-Jahren, unten rechts im Jahr 2002.

VOM BROADWAY NACH HOLLYWOOD

Paul Newman und seine Filme der 1950er-Jahre

Nachdem Paul Newman die Yale Drama School verlassen hatte, trat er bereits sechs Monate später in einem Theaterstück am Broadway auf: Im Februar 1953 hatte »Picnic« Premiere und für Paul Newman gab es erste wohlmeinende Kritiken: »Paul Newman als Collegejüngling, der vor jedem hübschen Gesicht in die Knie sinkt … zeigt mithilfe seines gekonnten Spiels, mit welchem Einfühlungsvermögen William Inge sein Stück verfasst hat«, schrieb die *New York Times* über den Bühnenerfolg, der vierzehn Monate auf dem Spielplan stand und schließlich den Pulitzer-Preis gewann. Seine Gage nahm Paul Newman für die Weiterbildung am Actors Studio unter der Anleitung von Lee Strasberg und Elia Kazan: »Dieser Schule habe ich alles zu verdanken, was ich als Schauspieler erreicht habe«, meinte er später.

Das Hollywood-Studio Warner Brothers wurde auf Paul Newman aufmerksam und bot ihm einen Sieben-Jahres-Vertrag an, den er nicht ausschlagen konnte. Doch aller Anfang ist schwer, besonders wenn sich die Filmbosse fürs Kinodebüt ausgerechnet einen Kostümschinken wie »Der silberne Kelch« aussuchen. Zu den schmeichelhaftesten Reaktionen zählte da noch die Kritik im *New York World Telegram*, die beim Newcomer Newman »eine ganz erstaunliche Ähnlichkeit mit Marlon Brando« entdeckte. Damit hatte Newman ein Etikett verpasst bekommen, gegen das er lange ankämpfen musste. Nach diesem Fehlstart kehrte er auf die Broadway-Bühnen zurück und hatte mit »The Desperate Hours« wieder einen durchschlagenden Erfolg. Das Stück von Joseph Hayes wurde wenige Wochen später als »An einem Tag wie jeder andere« mit Humphrey Bogart in der Hauptrolle verfilmt. Während der sechs Monate am Theater ging Paul Newman zweimal in der Woche ins Actors Studio und bemühte sich auch um Fernsehrollen: Für NBC spielte er in der Musical-Version des Schauspiels »Unsere kleine Stadt« einen Highschool-Schüler.

Am 30. September 1955 kam James Dean bei einem Autounfall ums Leben, kurz bevor er in einer Fernsehproduktion von Ernest Hemingways »The Battler« auftreten sollte. Man überredete Paul Newman, der für die Rolle des jungen Nick Adams vorgesehen war, Deans Part zu übernehmen. Das NBC-Fernsehspiel unter der Regie von Arthur Penn zeigte ihn als Boxer, mit zwanzig ein unbezwingbarer Sieger, mit dreißig ein notorisch krimineller Gefängnisinsasse und ein versoffener Landstreicher mit vierzig. Newman gefiel diese Rolle so gut, dass er sie 1962 in der Kinoversion »Hemingways Abenteuer eines jungen Mannes« noch einmal spielte. Ein neuer Vergleich – dieses Mal mit James Dean – machte die Runde: Auch Robert Wise und Charles Schnee, die mitten in den Planungen für die Produktion eines Films über den Boxer Rocky Graziano steckten, hatten das Fernsehspiel gesehen und waren so begeistert, dass sie Paul Newman die Hauptrolle in »Die Hölle ist in mir« (auch bekannt als »Eine Handvoll Dreck«) anboten. Obwohl er bei Warner immer noch unter Vertrag stand, »lieh« man ihn für diesen einen Film an MGM aus. Ironischerweise hatte man ursprünglich James Dean auch für diesen Film vorgesehen. Die Rolle des Rocky Graziano machte Paul Newman zum Star: Die Story des Films steht in der Reihe vieler Filme der 1950er-Jahre, die sich mit individueller Rebellion und Jugendkriminalität beschäftigen. Newmans Rocky ähnelt Brandos Motorradfahrer in »Der Wilde«. Vergleiche mit Brando und Dean waren naheliegend.

In dem Western »Einer muss dran glauben« spielte Newman als Billy the Kid wieder eine typische James-Dean-Rolle: Tatsächlich hatte Dean sich für diese Rolle lebhaft interessiert, obwohl Newman auch in der Fernsehproduktion von Gore Vidals Roman aufgetreten war. Anschließend wurde Newman erneut ausgeliehen, diesmal an die 20th Century Fox für »Der lange heiße Sommer«. Der erste gemeinsame Film mit Joanne Woodward. Zur Zeit der Dreharbeiten Ende 1957 war Newman bereits geschieden, und er und Joanne Woodward planten ihre Hochzeit. Zwei Wochen davor, im Januar 1958, traten sie gemeinsam in dem Stück »The 80-Yard Run« innerhalb der Fernsehserie »Playhouse 90« auf. Danach drehte Newman zusammen mit Elizabeth Taylor die Tennessee-Williams-Verfilmung »Die Katze auf dem heißen Blechdach« und in »Keine Angst vor scharfen Sachen« stand er erneut mit Joanne Woodward vor der Kamera. Newmans letzter Film der 1950er-Jahre hieß »Der Mann aus Philadelphia«, in dem er als Anwalt Anthony auf dem Weg in die obersten Kreise der Gesellschaft Philadelphias ist, als ein Mordprozess zur Nagelprobe für ihn wird … denn sorgsam gehütete Geheimnisse der High Society drohen ans Licht zu gelangen.

Oben: Paul Newman gab 1953 sein Broad-
waydebüt in dem Stück »Picnic«. Rechts
sieht man ihn in der Rolle des schüchternen
Princeton-Zöglings Alan Seymour, der jede
Frau vergöttert. Im Verlauf des Stückes verliert er seine Freundin an den Herumtreiber
Hal.

Unten: Da er von seinem Filmdebüt »Der silberne Kelch« enttäuscht war, kehrte Newman
(links) auf die Bühne zurück und spielte in
»The Desperate Hours« mit, das einen Tony
Award erhielt und ein Jahr später als »An
einem Tag wie jeder andere« mit Humphrey
Bogart in der Hauptrolle verfilmt wurde.

Oben: Ein früher TV-Auftritt von Paul Newman (links) in der vierten Staffel der Serie »The United States Steel Hour« am 26. September 1956 in der Folge »Bang the Drum Slowly« mit George Peppard und Albert Salmi

Unten: Paul Newman und Eva Marie Saint in dem Fernsehspiel »Unsere kleine Stadt«

Paul Newman trat an der Seite von Eva Marie Saint und Frank Sinatra in einer Musicalversion des Schauspiels »Unsere kleine Stadt« auf – es war eine Adaption fürs Fernsehen und wurde am 19. September 1955 in der zweiten Staffel der Serie »Producers' Showcase« ausgestrahlt. »Producers' Showcase« war die wohl teuerste Livesendung der damaligen Zeit und lief von 1954 bis 1957.

»Ich weiß noch, wie mir eine Kollegin in meinen Anfangstagen geholfen hat. Wir probten eine Szene, und ich erinnere mich, wie sie mit einem energischen Händeklatschen unterbrach und mich am Hemdkragen packte. »Du denkst nicht«, sagte sie, »du denkst nur, dass du denkst.« Und wenn man Schauspieler beobachtet, erkennt man sofort diejenigen, die bemüht etwas darstellen wollen. Bei anderen hingegen sieht man in ihren Augen, dass sie eine Veränderung durchmachen.«

Paul Newman

»Als ich angefangen hatte, Schauspiel-
unterricht zu nehmen, habe ich mich gefragt, warum ich nur so viel Zeit in einem
Footballteam verschwendet hatte.«
Paul Newman

Paul Newman und Eva Marie Saint in dem
Fernsehspiel »Unsere kleine Stadt«

DER SILBERNE KELCH –
THE SILVER CHALICE (1954)

Der griechische Silberschmied Basilius (Paul Newman), ein freigelassener Sklave, lebt im Haus des reichen Joseph von Arimathea (Walter Hampden). Eines Tages erhält er die Aufgabe, den Kelch, aus dem Jesus von Nazareth beim letzten Abendmahl getrunken hat, mit einer angemessenen Umhüllung aus Silber zu versehen. Hingebungsvoll widmet er sich der Arbeit, die große Kunstfertigkeit verlangt. Basilius heiratet Josephs Enkelin Deborra (Pier Angeli), liebt aber immer noch Helena (Virginia Mayo), die wie er einst Sklavin war, jetzt aber für den Magier Simon (Jack Palance) arbeitet, der es auf den silbernen Kelch abgesehen hat. Der römische Pöbel, der regelmäßig die Heimstätten der Christen plündert, sorgt dafür, dass die Reliquie verloren geht. Angeführt werden die Räuber von Magier Simon, der fest an seine Zauberkräfte glaubt, bis er eines Besseren belehrt wird: Als er seine Flugkünste vor Kaiser Nero (Jacques Aubuchon) demonstrieren will, bricht er sich den Hals. Am Ende ist der silberne Kelch zwar verschwunden, doch Petrus prophezeit, dass er eines Tages wieder auftauchen werde, um der Menschheit den richtigen Weg zu weisen.

Als Vorlage des Viereinhalb-Millionen-Dollar-Kostümdramas diente ein Bestseller von Thomas B. Costain. Es handelte sich um einen der ersten Cinemascope-Filme und er bot inhaltlich lediglich einen Abklatsch des Erfolgfilms »Das Gewand«, des ersten Cinemascope-Films überhaupt. Das scheinbar religiöse Thema diente als Kulisse für Abenteuer, Liebe und die typische Pseudofrömmigkeit Hollywoods. Ein Kritiker formulierte recht treffend: »Es gibt in dem Streifen Szenen, auf die selbst die Marx Brothers hätten stolz sein können, vor allem Groucho hätte seine Freude daran gehabt.« Der Film war ein Desaster, künstlerisch und finanziell. Fast wäre die Karriere von Paul Newman bereits nach diesem Film beendet gewesen.

DER SILBERNE KELCH – THE SILVER CHALICE, Drama, USA 1954, Regie: Victor Saville, Buch: Lesser Samuels nach einem Roman von Thomas B. Costain, Kamera: William V. Skall, Musik: Franz Waxman, Produzenten: Lesser Samuels, Victor Saville für Victor Saville Productions und Warner Bros. Pictures. Mit: Paul Newman, Virginia Mayo, Pier Angeli, Jack Palance, Walter Hampden, Joseph Wiseman, Alexander Scourby, Lorne Greene, David J. Stewart, Herbert Rudley, Jacques Aubuchon, Natalie Wood.

»Dass ich ›Der silberne Kelch‹, den ersten Film, den ich überhaupt gedreht habe, überlebt habe, war ein außergewöhnlich großes Glück. Hunde haben mich durch die Straßen gejagt. Ich trug dieses winzig kleine griechische Cocktailkleid – und das mit meinen Beinen! Mein Gott, es war wirklich schlecht. Es war eigentlich der schlechteste Film, der in den Fünfzigern gedreht wurde. In meiner ersten Rezension stand: ›Mr. Newman trägt seinen Text mit der Leidenschaft eines Schaffners vor, der den nächsten Halt ansagt.‹« Paul Newman

Links und rechts oben: Mit Pier Angeli, rechts unten mit Virginia Mayo in »Der silberne Kelch« (1954)

DIE HÖLLE IST IN MIR –
SOMEBODY UP THERE LIKES ME (1956)

Draufgänger Rocky Barbella (Paul Newman), Sohn italienischer Einwanderer, wächst in der New Yorker Lower East Side auf. Der Konflikt mit seinem Vater (Harold J. Stone) und negative Einflüsse bringen ihn auf die schiefe Bahn: Er kommt ins Jugendgefängnis, setzt sich mit seiner Umwelt nur mit den Fäusten auseinander, gerät ins Zuchthaus, wird danach Soldat, desertiert und landet im Militärgefängnis. Erst als er sich in die zarte Norma (Pier Angeli) verliebt, fängt er sich wieder. Als ihn Boxtrainer Irving Cohen (Everett Sloane) überredet, in den Ring zu steigen, macht er unter dem Namen Rocky Graziano eine steile Karriere und avanciert zum Favoriten auf den Weltmeistertitel. Doch auf dem Weg zur Weltmeisterschaft droht ihm seine kriminelle Vergangenheit noch einmal zum Verhängnis zu werden.

Hollywood-Gigant MGM wollte 1956 unbedingt das Leben des populären Boxweltmeisters Rocky Marciano verfilmen – zu musterhaft entsprach dessen Laufbahn dem amerikanischen Traum. Marciano wurde 1952 Weltmeister aller Klassen, verteidigte seinen Titel sechsmal erfolgreich und trat dann ungeschlagen zurück.

Der für die Rolle ausersehene James Dean war gerade tödlich verunglückt. Da erinnerte man sich des Talents Paul Newman, der – in zwei miesen Filmen verheizt – Hollywood enttäuscht den Rücken gekehrt hatte. Regisseur Robert Wise überredete ihn zu einem dritten Versuch, und mit »Die Hölle ist in mir« begann Newmans glanzvolle Karriere. Freilich mokierte sich schon damals die Kritik über das schlichte Glücksrezept des Films.

Newman hatte sich auf seine Rolle gründlich vorbereitet: Er verbrachte eine Woche mit Rocky Graziano, redete mit ihm, schaute ihm bis in Details seine Sprechweise und seine Art, sich zu bewegen, ab. Zuletzt konnte er den New Yorker mit seinem rauen italienischen Akzent, der nervösen Energie und dem schlurfenden Gang perfekt nachspielen.

DIE HÖLLE IST IN MIR – SOMEBODY UP THERE LIKES ME (weiterer deutscher Titel: EINE HANDVOLL DRECK), Boxerfilm, USA 1956, Regie: Robert Wise, Buch: Ernest Lehmann nach Rocky Grazianos Lebensgeschichte von Rowland Barber, Kamera: Joseph Ruttenberg, Musik: Bronislau Kaper und Titelsong Perry Como, Produzenten: Charles Schnee und James E. Newcom. Mit: Paul Newman, Pier Angeli, Everett Sloane, Sal Mineo, Harold J. Stone, Eileen Heckart, Joseph Buloff.

Paul Newman scheute sich nicht vor körperlich anstrengenden Rollen und spielte den Boxer Rocky Graziano in »Die Hölle ist in mir«, der Filmbiografie von 1956 über das schwierige Leben des Mittelgewichtschamps.

Nachdem Paul Newman in dem Kostümfilm »Der silberne Kelch« (1954) die seiner Meinung nach schlechteste Leistung seiner Karriere abgeliefert hatte, lief er 1956 mit einer gefeierten Darbietung in dem Film »Die Hölle ist in mir« wieder zu Höchstform auf.

Nächste Seite, oben: Regisseur Robert Wise und Paul Newman bei den Dreharbeiten. Nächste Seite, unten: Pier Angeli und Paul Newman in »Die Hölle ist in mir« (1956). Übernächste Seite: Paul Newman als Rocky Graziano.

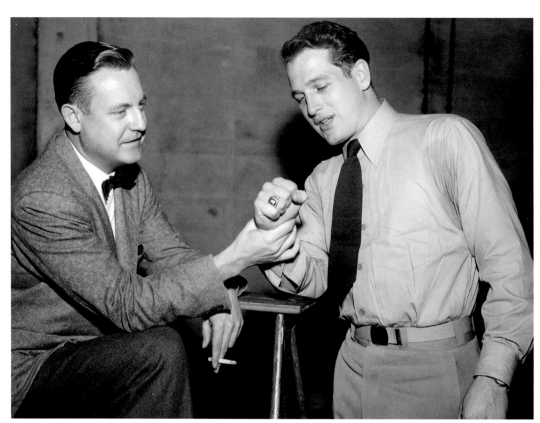

DER LANGE HEISSE SOMMER –
THE LONG HOT SUMMER (1958)

Ben Quick (Paul Newman) hat von Jugend auf darunter gelitten, dass sein Vater ein Brandstifter war. Als er selbst in den Verdacht gerät, eine Scheune angezündet zu haben, muss er das Weite suchen. Von Clara Varner (Joanne Woodward) und ihrer redseligen Schwägerin Eula (Lee Remick) im Auto mitgenommen, kommt der junge Mann nach Frenchman's Bend. Dort gehört nicht nur das meiste Land dem reichen Will Varner (Orson Welles), sondern auch das einzige Warenhaus des kleinen Ortes, das sein Sohn Jody (Anthony Franciosa) leitet, seitdem der Vater im Krankenhaus ist. Jody verpachtet Ben Quick eine kleine Farm. Als sein Vater kurz darauf aus dem Krankenhaus heimkehrt, muss Jody sich dafür von dem herrschsüchtigen Choleriker herunterputzen lassen. Seine Schwester wiederum bekommt Vorwürfe gemacht, dass sie immer noch keinen Mann habe. Andererseits verhehlt Will Varner nicht, wie sehr ihm der Neuankömmling Ben Quick imponiert, daher drängt Varner seine empörte Tochter, Ben zu heiraten, obwohl sie ihn anscheinend verabscheut. Dadurch verschärft der selbstherrliche Alte die Spannungen in seiner Familie derart, dass es schließlich zu einer Explosion kommt ...

Nach Motiven aus drei Werken William Faulkners schrieb das Autoren-Duo Harriet Frank jr. und Irving Ravetch das Script. Obwohl von vielen Literaturkritikern wegen allzu freier, streckenweise entstellender Bearbeitung der Vorlagen gerügt, entpuppte sich der Film als enormer Publikumserfolg. Offenbar mühelos vereinte Regisseur Martin Ritt Darsteller so unterschiedlicher Temperamente, Charaktere und Spielweisen wie Paul Newman, Orson Welles, Angela Lansbury, Joanne Woodward und Lee Remick zu einem homogenen Ensemble. Ganz im Stil der bedrückenden, melancholischen Südstaaten-Stücke von Tennessee Williams (der in jenen Jahren, insbesondere nach etlichen Verfilmungen, sehr in Mode war) gestaltete Ritt ein Melodram um Liebe, Leid und Leidenschaften. Paul Newman gewann mit seiner Rolle 1958 in Cannes den Preis für den besten Darsteller.

DER LANGE HEISSE SOMMER – THE LONG HOT SUMMER, Familiendrama, USA 1958, Regie: Martin Ritt, Buch: Irving Ravetch und Harriet Frank jr. nach Geschichten von William Faulkner, Kamera: Joseph LaShelle, Musik: Alex North, Produzent: Jerry Wald Productions. Mit: Paul Newman, Joanne Woodward, Anthony Franciosa, Orson Welles, Lee Remick, Angela Lansbury, Richard Anderson, Sarah Marshall, Mabel Albertson, Val Avery, J. Pat O'Malley, Bill Walker, Robert Adler.

»Er sieht sehr gut aus und ist sehr sexy. Aber all das vergeht irgendwann und schließlich bleibt noch, dass du jemanden zum Lachen bringen kannst.« Joanne Woodward

Paul Newman und Joanne Woodward bei den Dreharbeiten zu dem Film »Der lange heiße Sommer« (1958)

»Keiner seiner Zuschauer wusste jemals Bescheid darüber, wie stolz Paul auf Joanne und ihr Talent war. Wenn man ihn am Set beobachtete, wie er ihr von seinem Platz neben der Kamera aus zuschaute, sah man einen völlig veränderten Mann: Sein sonst unbekümmerter Gesichtsausdruck verschwand, sein Mund öffnete sich voller Erstaunen, seine Augen füllten sich mit Tränen, die aber niemals fielen. Es war ein kurzer Augenblick, in dem man seine unsterbliche Liebe für diese Frau sehen konnte.«

Ein Freund über
Paul Newman und Joanne Woodward

EINER MUSS DRAN GLAUBEN –
THE LEFT HANDED GUN (1958)

1880, New Mexiko, Lincoln County. Der junge William Bonney (Paul Newman) findet in dem Rancher Tunstall (Colin Keith-Johnston) einen Arbeitgeber und väterlichen Freund. Tunstall wird im Auftrag von Konkurrenten erschossen. Billy hat die vier Mörder gesehen, im Sheriff von Lincoln erkennt er einen von ihnen wieder. An dem Tag, an dem er auf offener Straße zwei der Mörder erschießt, lernt er den durchreisenden Sheriff Pat Garrett (John Dehner) kennen.

Im mexikanischen Madero trifft er ihn wieder, wohin er sich nach der Schießerei mit seinen Freunden Tom und Charlie geflüchtet hat. Er verliebt sich in Celsa (Lita Milan), die Frau eines Büchsenmachers, und verspricht Garrett, hier Frieden zu halten. Als eine Amnestie erlassen wird, kehren Billy, Charlie und Tom nach Lincoln County zurück. Dort erschießt Charlie den dritten von Tunstalls Mördern, so dass die Freunde wieder nach Madero flüchten.

Regisseur Arthur Penn ist ein aufmerksamer Beobachter, der sich kritisch mit der amerikanischen Gesellschaft auseinandersetzt und außerhalb der üblichen Studio-Konventionen agiert. In seinem ersten Spielfilm »Einer muss dran glauben« hat er den Mythos des Western entzaubert: »Mit Penn begann der Western, seine Unschuld zu verlieren«, notierte die Kritikerin Frieda Grafe. Die Westernlandschaft erscheint als Spiegel zerrütteter Männerpsychen.

Immer wieder hat das Schicksal des Outsiders William H. Bonney alias Billy the Kid, der am 14. Juli 1881 von Sheriff Patrick Floyd Garrett getötet wurde, Hollywood zu Interpretationen herausgefordert: Mal wurde er als romantischer Desperado gezeigt (von King Vidor 1930 und David Miller 1940), mal als skurriler Schelm in Howard Hughes »The Outlaw« (1943). Bei Arthur Penn wandelt Paul Newman als labiler »Rebel without a cause« auf den Spuren von James Dean, er spielt in der Geschichte um Kameradschaft, Verrat und Vergewaltigung den jungen Revolverhelden Billy the Kid mit Ödipus-Komplex nicht als strahlenden Helden.

EINER MUSS DRAN GLAUBEN – THE LEFT HANDED GUN (weiterer deutscher Titel: BILLY THE KID), Western, USA 1958, Regie: Arthur Penn, Buch: Leslie Stevens nach einem Fernsehspiel von Gore Vidal, Kamera: J. Peverell Marley, Musik: Alexander Courage, Produzenten: Fred Coe für Haroll Productions und Warner Bros. Pictures. Mit: Paul Newman, Lita Milan, John Dehner, Hurd Hatfield, James Congdon, James Best, Colin Keith-Johnston, John Dierkes, Robert Anderson.

Eigentlich sollte James Dean Billy the Kid in »Einer muss dran glauben« (1958) spielen. Nach dessen frühzeitigem Tod am 30. September 1955 übernahm Newman den Part.

Paul Newman spielte die Hauptrolle in dem Film »Einer muss dran glauben« (auch »Billy the Kid«). Der englische Titel des Films, »The Left Handed Gun« (dt.: Die Pistole eines Linkshänders), entstand in der falschen Annahme, dass Billy the Kid Linkshänder gewesen sei. Erst 1986 wurde das Gegenteil bewiesen. Oben: Paul Newman und Lita Milan in »Einer muss dran glauben« (1958)

DIE KATZE AUF DEM HEISSEN BLECHDACH – CAT ON A HOT TIN ROOF (1958)

Plantagenbesitzer Pollitt (Burl Ives), genannt Big Daddy, kommt an seinem 65. Geburtstag von einer Reise zu den besten Krebsspezialisten des Landes zurück. Neben seiner Frau (Judith Anderson), genannt Big Mama, erwarten ihn seine Söhne mit ihren Familien. Cooper (Jack Carson) und Mae Pollitt (Madeleine Sherwood) sind mit ihrer ganzen Kinderschar gekommen, Brick Pollitt (Paul Newman) und Maggie (Elizabeth Taylor) sind dagegen kinderlos. Ihre Ehe ist völlig zerrüttet, weil Brick sich einredet, Maggie sei schuld am Tod seines besten Freundes Skipper. Big Daddy überrascht die Familie mit der Nachricht, dass der Verdacht auf Krebs sich nicht bestätigt habe. Nur sein Arzt und sein Sohn Cooper wissen, dass ihm die Wahrheit vorenthalten wurde und er in Wirklichkeit unheilbar krank ist. Seine Geburtstagsfeier wird für Big Daddy zur Stunde der Wahrheit. Auch die Misere zwischen Brick und Maggie kann nicht länger unter der Decke gehalten werden.

Die exzellente Verfilmung des Klassikers von Tennessee Williams, die sich kritisch mit der Südstaatengesellschaft auseinandersetzt, in der es nur um Reichtum, Ruhm und Unsterblichkeit geht, fiel dem »Production Code«, der zwischen 1930 und 1968 bestimmte, was in amerikanischen Filmen gezeigt werden durfte, zum Opfer. Fast alles, was auf Bricks homosexuelles Verhältnis zu Skipper hinwies, wurde aus dem Film herausgeschnitten, sodass Paul Newmans Rolle eher der eines Weichlings ähnelt als der eines Mannes, der unter dem Druck der Verhältnisse um seine sexuelle Identität kämpfen muss. Dennoch erhielt Paul Newman für seine Leistung die erste Oscarnominierung seiner Karriere: Der neurotische Trinker Brick Pollitt ist eine der vielen wortkargen, rebellischen, scheinbar gleichgültigen und dabei verletzlichen und verletzten Charaktere, auf die er sich wie kaum ein anderer verstand. Für Elizabeth Taylor war es eine Wendemarke ihrer Karriere, der Start zur großen Charakterfurie – und den Beinamen trug die Taylor noch Jahre später.

DIE KATZE AUF DEM HEISSEN BLECHDACH – CAT ON A HOT TIN ROOF, Familiendrama, USA 1958, Regie: Richard Brooks, Buch: Richard Brooks und James Poe nach einem Drama von Tennessee Williams, Kamera: William Daniels, Musik: André Previn und Charles Wolcott, Produzent: Lawrence Weingarten. Mit: Elizabeth Taylor, Paul Newman, Burl Ives, Judith Anderson, Jack Carson, Madeleine Sherwood, Larry Gates, Vaughn Taylor, Patty Ann Gerrity, Rusty Stevens, Hugh Corcoran.

Newmans Darstellung des gequälten Exfootballstars Brick Pollitt war das Herzstück des Films »Die Katze auf dem heißen Blechdach«, der sechs Oscarnominierungen erhielt. Auch wenn der Film letztendlich keinen einheimste, wurde er von den Kritikern hochgelobt.

»Er war gut und freundlich und anständig. Er hatte ein reines Herz. Die Zusammenarbeit mit ihm hat viel Spaß gemacht.«   Elizabeth Taylor

Paul Newman und Elizabeth Taylor in »Die Katze auf dem heißen Blechdach« (1958)

In Tennessee Williams' ursprünglicher Büh-
nenfassung von »Die Katze auf dem heißen
Blechdach« gab es einige Andeutungen
über eine mögliche Homosexualität der
Figur Brick Pollitt. Diese fielen in dem Film
jedoch weg, da Newman der Meinung war,

dass sie dem Drehbuch schadeten. Die Zeit
war 1958 noch nicht so weit. Paul Newman
erhielt seine erste Oscarnominierung als
bester Schauspieler für seine Rolle des Brick
Pollitt. Ursprünglich hatte man Elvis Presley
die Rolle angeboten.

FREIHEIT IN DER WAHL DER ROLLEN

Paul Newman und seine Filme der 1960er-Jahre

Seit Paul Newman in den 1950er-Jahren den Sieben-Jahres-Vertrag mit Warner Brothers abgeschlossen hatte, fühlte er sich in dem Hollywood-Studio nicht so recht wohl, zumal er regelmäßig an andere Studios ausgeliehen wurde. Für Warner Brothers war dies ein einträgliches Geschäft: Newman bekam pro Film nicht mehr als 25.000 Dollar, wurde aber für 75.000 Dollar ausgeliehen. Mehrfach wollte Paul Newman den Vertrag schon lösen, im August 1959, drei Monate nach der Premiere des Warner-Films »Der Mann aus Philadelphia«, war es dann endgültig so weit: Newman kaufte sich für 500.000 Dollar aus dem Vertrag, der eigentlich noch drei Jahre weiterlaufen sollte.

Als freier Schauspieler konnte er jetzt höhere Gagen verlangen – und er bekam sie auch, denn »Der lange heiße Sommer« und »Die Katze auf dem heißen Blechdach« waren beachtliche Kinoerfolge geworden und hatten den Marktwert des Schauspielers enorm gesteigert. Und so erhielt Paul Newman die sehr begehrte Rolle des palästinensischen Untergrundführers Ari Ben Canaan in Otto Premingers »Exodus«.

Newmans Methode, an Rollen heranzugehen, die er sich am Actors Studio erarbeitet hatte, kollidierte immer wieder mit den Auffassungen seiner Regisseure. Nicht nur Preminger war für seine autoritäre Auffassung von perfekter Studioarbeit bekannt, auch Alfred Hitchcock, der Newman in seinem Kalter-Krieg-Thriller »Der zerrissene Vorhang« mit dem wahrhaft packenden Duell »Newman gegen Kieling« einsetzte, äußerte sich im Gespräch mit François Truffaut nicht gerade schmeichelhaft: »Ich war auch nicht zufrieden mit der Art, wie Paul Newman spielte. Sie wissen ja, er ist ein ›Method‹-Schauspieler. Er kann sich einfach nicht auf neutrale Blicke beschränken, diese Blicke, mit denen ich den Schnitt einer Szene machen kann. Statt einfach auf Gromeks Bruder zu schauen, auf das Messer und auf das Stück Wurst, spielte er die Szene im ›Method‹-Stil, mit übertriebener Emotion, und drehte immer den Kopf zur Seite. Bei der Montage habe ich das dann noch einigermaßen hinbekommen, aber schließlich habe ich sie doch rausgenommen, auch wenn alle um mich herum davon begeistert waren.«

Über die Wahl seiner Rollen in den 1960er-Jahren bemerkte Newmans Biograf Michael Kerbel: »Freiheit setzt gleichzeitig Verantwortungsbewusstsein voraus. Wenn ein Star wie Paul Newman, der die Möglichkeit hat, sich die Rollen nach eigenem Gutdünken auszusuchen und so sein Image zu bestimmen, derart oft danebengreift, muss man notgedrungen seine Urteilsfähigkeit anzweifeln. Nach ›Hud‹ (›Der Wildeste unter Tausend‹) ging er mit drei Filmen hintereinander weit unter sein Niveau. Er hatte bisher nur in einer Komödie mitgespielt, und vielleicht wollte er seinen Fans unbedingt beweisen, dass er ebenso gut witzig sein konnte (er stand sogar 1964 in einem Lustspiel auf der Bühne, wenn auch nicht am Broadway), doch seine Auswahl von Drehbüchern, die wirklich niemand mehr retten konnte, bewies, dass er wenig Mut hatte.« Für Filme wie »Eine neue Art von Liebe« (1963) mit Joanne Woodward, »Immer mit einem anderen« (1964) mit Shirley MacLaine und »Lady L.« (1965) mit Sophia Loren hatte Paul Newman eine nur wenig überzeugende Entschuldigung parat: »Klar, dass der Film nichts geworden ist! Das Material war so schlecht, dass noch nicht einmal Newman etwas daraus machen konnte ... Seine Schuld ist es ganz bestimmt nicht ...«

Diese Rollen hatten Paul Newmans Karriere nicht gerade gefördert, er brauchte dringend wieder einen Achtungserfolg und die Chance dafür bot sich ihm 1966 mit dem Detektivfilm »Ein Fall für Harper«, der sein bis dahin bester und populärster Film war. Im Jahr 1968 gründeten Paul Newman und sein Agent John Foreman die Newman-Foreman Company, deren erste Produktion 1969 der Film »Indianapolis« war. Regisseur James Goldstone erzählte, dass Newman »seinen Spaß haben, sich in einen Rennwagen setzen und damit eine Menge Geld machen wollte«. Letzteres stimmte sicherlich: Er bekam 1,1 Millionen Dollar, seine bis dahin höchste Gage, plus Prozente an den Einnahmen für seine Gesellschaft. Mit einem der besten Western gingen für Paul Newman die 1960er-Jahre zu Ende: Gemeinsam mit Robert Redford war er in »Butch Cassidy und Sundance Kid« auf der Flucht vor den Kopfgeldjägern der Eisenbahn-Gesellschaft.

Rechts oben: »Paris Blues« (1961) mit Paul Newman, Diahann Carroll und Sidney Poitier: Die Amerikaner Ram Bowen (Paul Newman) und Eddie Cook (Sidney Poitier) fühlen sich in Paris wie zu Hause. Mit ihren Kollegen treten sie im Nachtclub ihrer Freundin Marie Seoul auf. Als sich Ram und Eddie in die beiden amerikanischen Touristinnen Connie (Diahann Carroll) und Lillian (Joanne Woodward) verlieben, stehen sie vor der Entscheidung, ob ihnen die Musik oder die Liebe mehr bedeutet. Ihre Freundinnen möchten mit ihnen in die USA zurückkehren, Ram dagegen hofft, mit seinem Konzert in Paris groß herauszukommen, und Eddie widerstrebt es, sich in Amerika für die Rechte der Schwarzen einzusetzen, wie es Connie gerne sähe. Ein musikalischer Höhepunkt des Films, in dem Regisseur Martin Ritt das Pariser Ambiente reizvoll mitspielen lässt, ist der Auftritt des legendären Jazz-Trompeters Louis Armstrong in einer Jamsession.

Unten: Julie Andrews und Paul Newman in »Der zerrissene Vorhang« (1966): Der amerikanische Atomphysiker Michael Armstrong (Paul Newman) und seine Braut und Mitarbeiterin Sarah Sherman (Julie Andrews) sind auf dem Weg zu einem Kongress in Kopenhagen. Bevor sie dort ankommen, erklärt Armstrong, er müsse dringend nach Schweden – ohne Sarah. In Wirklichkeit aber bucht er einen Flug nach Ostberlin. Sarah folgt ihm heimlich in die Maschine. In Ostberlin heißt man Armstrong als Überläufer willkommen. In Wirklichkeit will Armstrong aber einem Leipziger Kollegen eine wichtige Formel abjagen. Die Zeit ist knapp, denn ein Stasi-Mann (Wolfgang Kieling) kommt ihm auf die Spur. Die hinter dem Eisernen Vorhang angesiedelte Spionage-Story ist für Hitchcock der willkommene Anlass, um eines seiner Lieblingsthemen durchzuspielen: die Isolation des Helden in einer abgeschlossenen Gemeinschaft, die jeden Eindringling zu vernichten versucht.

EXODUS (1960)

Als die amerikanische Krankenschwester Kitty Fremont (Eva Marie Saint) 1947 nach Zypern kommt, ist die Insel zu einem großen Internierungslager geworden. Ungefähr 30.000 jüdische Emigranten aus ganz Europa leben dort hinter Stacheldraht, weil die britische Regierung ihre Einreise nach Palästina verhindern will. Kitty entschließt sich, in einem der Lager zu helfen. Ari Ben Canaan (Paul Newman), einem Mitglied der jüdischen Selbstschutz-Organisation Haganah, gelingt es – als britischer Offizier verkleidet –, einige Hundert Insassen aus dem Lager herauszuholen und auf ein Schiff zu bringen, das er »Exodus« nennt. Nach einem mehrtägigen Hungerstreik dürfen sie auslaufen. Kitty, an Bord gekommen, um die Kinder zu betreuen, fährt mit ihnen nach Haifa. In Palästina stehen sich unter dem jüdischen Volk zwei politische Richtungen gegenüber: die Haganah, welche Autonomie durch friedliche Verhandlungen zu erreichen hofft, und die radikale Irgun, die auf Aktionen setzt. Bald werden die Neuankömmlinge in die Auseinandersetzungen mit Briten und Arabern hineingezogen ...

Der Historienfilm, der auf wahren Begebenheiten beruht, zeigt die geschichtlichen Hintergründe und tritt für die Freiheit und Würde eines jeden Menschen ein. Die Adaption des Romans von Leon Uris hatte ursprünglich eine Länge von 220 Minuten und musste für das Kino um zwanzig Minuten gekürzt werden. »Sogar den heißesten Eisen presst Hollywood lauwarme Sentimentalität ab. So auch bei der hochdramatischen ›Exodus‹-Story, die Otto Preminger 1960 nach alten Rezepten anrührte und abgesehen von der Überlänge auch fürs große Publikum mundgerecht servierte«, schrieb Lothar Lambert in der Berliner Mittagszeitung *Der Abend*. »Jüdisches Schicksal zwischen Naziverfolgung und Gelobtes-Land-Odyssee – da brauchte es als Identifikationsfiguren schon eine schöne blonde Krankenschwester wie Eva Marie Saint und einen blauäugigen Helden wie Paul Newman, um die Kinogänger bei der Stange zu halten.«

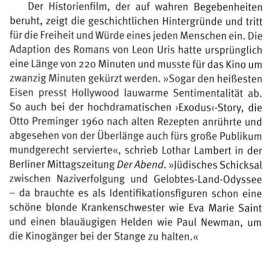

EXODUS, Historienfilm, USA 1960, Regie: Otto Preminger, Buch: Dalton Trumbo nach einem Roman von Leon Uris, Kamera: Sam Leavitt, Musik: Ernest Gold, Produzent: Otto Preminger für Otto Preminger Films (als Carlyle Productions). Mit: Paul Newman, Eva Marie Saint, Ralph Richardson, Lee J. Cobb, Sal Mineo, Peter Lawford, John Derek, Hugh Griffith, Jill Haworth, Gregory Ratoff, Felix Aymler, David Opatoshu, Marius Goring, Alexandra Stewart.

Links: Immer wieder hatte Paul Newman seine Unabhängigkeit von Hollywood bewiesen und am Broadway Theater gespielt. So auch 1964, als er zusammen mit Joanne Woodward und James Costigan von April bis August in dem Stück »Baby Want A Kiss« auftrat. Ein für ihn persönlich wichtiges Unterfangen: »Permanent lebt man in der Angst, dass die Leute einen eines Tages durchschauen und man wieder ganz von unten anfangen muss. Deshalb ist es gut, wenn man sowohl in Hollywood als auch am Broadway arbeitet. Hier wird man manchmal ausgequetscht bis auf den letzten Tropfen und von der Kritik gnadenlos auseinandergenommen – doch wenn man niemals diese Erfahrung macht, dann erstarrt man in seinen eigenen Stereotypien.«

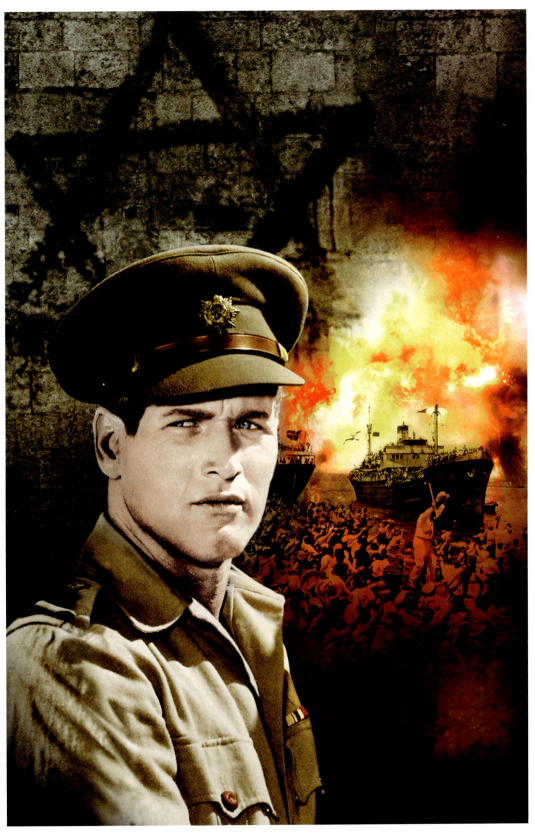

VON DER TERRASSE – FROM THE TERRACE (1960)

Als Alfred Eaton (Paul Newman), Sohn eines Fabrikbesitzers, aus dem Koreakrieg zurückkehrt, muss er entsetzt feststellen, dass die Ehe seiner Eltern zerrüttet ist. Angewidert vom Zynismus seines Vaters, beschließt er, sich ohne dessen Hilfe eine Existenz aufzubauen, und verzichtet deswegen auf eine Mitarbeit im Stahlwerk. Kurz darauf heiratet er Mary St. John (Joanne Woodward) und wird Manager eines Handelsunternehmens. Durch sein Karrierestreben vernachlässigt Alfred jedoch seine Frau, so dass sich die beiden immer mehr entfremden. Als er aber Nathalie (Ina Balin), die Tochter seines Verhandlungspartners, kennen und lieben lernt, verzichtet er auf die ihm angebotene Firmen-Partnerschaft, um ihr zu folgen.

Über den dritten gemeinsamen Film von Paul Newman und Joanne Woodward schrieb Michael Kerbel in seiner Paul-Newman-Biografie: »Newman schlägt sich verzweifelt mit den typischen Stilmerkmalen der soap opera herum, mit ihren aufgesetzten Konflikten und überaus tiefschürfenden Dialogen, doch er verliert diesen Kampf. Am schlechtesten kommt er in den Szenen mit der sittsamen jungen Frau (Ina Balin) weg, denn ihre Beziehung wirkt völlig unmöglich; ihre Gespräche über Liebe sind leeres Wortgeklingel, und man nimmt Newman den schüchternen, zärtlichen Liebhaber ganz einfach nicht ab. Schließlich hat man ihn vorher oft genug als rücksichtslosen Eroberer und beherrschendes Männlichkeitssymbol erlebt, zudem fällt es ihm schwer, den Eindruck von Einfühlungsvermögen und Zärtlichkeit zu vermitteln. Überzeugend wirkt er allenfalls am Anfang des Films, wenn er sich mit seinem Vater streitet, und sein Gesicht all die Abneigung und die Verzweiflung widerspiegelt, die sich in ihm aufgestaut haben. Jedoch auch in diesen Szenen verfällt er wieder in seine Routine, zwinkert nervös mit den Augen, redet mit zuckenden Lippen und übertreibt maßlos. Gemeinsam mit Joanne Woodward jedoch gewinnt der Film an Leben.«

VON DER TERRASSE – FROM THE TERRACE, Melodram, USA 1960, Regie: Mark Robson, Buch: Ernest Lehman nach einem Roman von John O'Hara, Kamera: Leo Tover, Musik: Elmer Bernstein, Produzent: Mark Robson für Linebrook Production. Mit: Paul Newman, Joanne Woodward, Myrna Loy, Ina Balin, Leon Ames, Elizabeth Allen, Barbara Eden, George Grizzard, Patrick O'Neal.

»In ›Von der Terrasse‹, ›Haie der Großstadt‹, ›Butch Cassidy und Sundance Kid‹, ›The Verdict‹ oder ›Nobody's Fool – Auf Dauer unwiderstehlich‹, um nur einige Filme zu nennen, die einem einfallen, ist er mehr als nur eine Kultfigur. In diesen Filmen und in vielen anderen hat er Figuren geschaffen, die von Dauer sind.«
Martin Scorsese

Newman spielte in dem Film »Von der Ter-
rasse« (1960) neben seiner Ehefrau Joanne
Woodward und der Schauspielerin Myrna
Loy. Der Film basiert auf dem gleichnamigen
Roman von John O'Hara.

Oben Joanne Woodward und Paul Newman,
unten Paul Newman (ganz rechts) in »Von
der Terrasse«

HAIE DER GROSSSTADT – THE HUSTLER (1961)

Jahrelang bereitet sich Billardspieler Eddie Felson (Paul Newman) darauf vor, Minnesota Fats (Jackie Gleason), den größten Poolspieler des Landes, in Chicago herauszufordern. Eddie verliert das Marathonspiel. Es kostet ihn nicht nur seine Ersparnisse, sondern auch sein Selbstbewusstsein. Er beginnt zu trinken. Dennoch versucht er, in kleineren Spielhallen genug Geld zusammenzuspielen, um Fats erneut herausfordern zu können. Dabei lernt er den Spiel-Manager Bert Gordon (George C. Scott) kennen, der ihm Spiele anbietet, jedoch 75 Prozent der Gewinne beansprucht. Eddie lehnt ab.

Er macht die Bekanntschaft der Alkoholikerin Sarah (Piper Laurie). Die beiden versuchen einander zu helfen. In einer Spelunke nimmt Eddie seinem Gegner mehrere Hundert Dollar ab und muss dafür teuer bezahlen: Der Verlierer lässt ihm beide Daumen brechen. Eddie scheint am Ende. Er geht auf Gordons Bedingungen ein und gewinnt ein Spiel. Doch Sarah, dem Leben an der Seite eines besessenen Spielers nicht gewachsen, be-

geht Selbstmord. Erst jetzt sagt Eddie sich von Gordon los und tritt noch einmal gegen Minnesota Fats an, den er überlegen schlägt. Gordon, der einen Teil des Gewinns fordert, geht leer aus. Doch Eddie wird nie mehr spielen können: Der Einfluss Gordons versperrt ihm den Zugang zu den Spielsälen.

Eine griechische Tragödie in einem Billardsalon, sagte Martin Scorsese. Paul Newman als Gottes einsamer Mann, ein amerikanischer Held in seiner Isolation, der nur über Poolbillard mit der Welt kommuniziert. Vom genialen Eugen Schüfftan im schönsten aller Kinoformate fotografiert, in schwarz-weißem Scope, was ihm einen Oscar einbrachte.

Robert Rossen inszenierte atmosphärisch dicht einen pessimistischen Film über Amerikas Unterwelt: Die Billardspiele zwischen Paul Newman und Jackie Gleason sind kleine vollkommene Meisterwerke. Paul Newman stand 25 Jahre später unter der Regie von Martin Scorsese in »Die Farbe des Geldes« übrigens noch einmal als gealterter Felson vor der Kamera.

HAIE DER GROSSSTADT – THE HUSTLER, Spielerdrama, USA 1961, Regie: Robert Rossen, Buch: Robert Rossen und Sidney Carroll nach einem Roman von Walter S. Tevis, Kamera: Eugen Schüfftan, Gene Shufton, Musik: Kenyon Hopkins, Produzent: Robert Rossen für Rossen Films und 20th Century Fox Film Corporation. Mit: Paul Newman, Jackie Gleason, Piper Laurie, George C. Scott, Myron McCormick, Murray Hamilton, Michael Constantine, Stefan Gierasch, Clifford A. Pellow, Jake LaMotta, Vincent Gardenia.

Paul Newman lehnte die Rolle in »Haie der Großstadt« (1961) zunächst ab, da sich die Dreharbeiten mit einem anderen Film überschnitten hätten. Die Rolle des Fast Eddie Felson wurde daraufhin Bobby Darin angeboten, aber als Newmans Filmprojekt platzte, zogen die Produzenten ihn Darin vor.

Paul Newman und Regisseur Robert Rossen bei den Dreharbeiten zu »Haie der Großstadt«

In »Die Farbe des Geldes« sagt Newmans Figur Fast Eddie Felson, er hätte seit 25 Jahren nicht »gespielt«. Es stimmte tatsächlich, dass Newman nicht »gespielt« hatte, seit er 25 Jahre zuvor in »Haie der Großstadt« aufgetreten war.

»Lerne dein Handwerk und vergiss nicht, wer du bist und was das Besondere an dir ist. Lebe dein Leben, das heißt, strebe nicht nach Ruhm und gib der Gesellschaft etwas Positives zurück.« Paul Newman darüber, was junge Schauspieler anstreben sollten

Paul Newman und Jackie Gleason führten angeblich alle Spielzüge in »Haie der Großstadt« (1961) selbst aus – außer einen. Für diese Aufnahme, in der zwei Kugeln vom Spielball gleichzeitig in dasselbe Loch geschossen werden, nahmen die Produzenten die Hilfe des legendären Poolbillardspielers Willie Mosconi in Anspruch.

Unten: Paul Newman und Piper Laurie in »Haie der Großstadt«

SÜSSER VOGEL JUGEND –
SWEET BIRD OF YOUTH (1962)

Chance Wayne (Paul Newman) war einst der Star in seiner Heimatstadt. Als Barkeeper und Wassersport-Ass brachte er es sogar beim machtgierigen Gouverneur »Boss« Finley (Ed Begley) zu einigem Ansehen. Das war wichtig für Chance, denn immerhin liebte er Finleys Tochter Heavenly (Shirley Knight). »Boss« Finley drückte ihm eine Fahrkarte nach New York in die Hand, da er nur als gemachter Mann seine Tochter heiraten könne. Doch all seine Bemühungen bleiben erfolglos. Nun setzt er seine Hoffnungen auf den alternden Star Alexandra Del Lago (Geraldine Page). Die Schauspielerin sucht Vergessen in Alkohol und Rauschgift und in den Armen Chances. Als Chance mit Alexandra Del Lago zurückkommt und im Hotel absteigt, ahnt er nicht, dass »Boss« Finley und sein Sohn Tom Rache geschworen haben, weil Heavenly schwanger war. Vergeblich versucht Chance, Heavenly zu erreichen, die ständig von zwei Männern bewacht wird. Mit der Unterstützung von Heavenlys Tante gelingt den beiden schließlich ein kurzes Wiedersehen, bei dem Heavenly ihn bittet, die Stadt zu verlassen, weil er in höchster Gefahr sei ...

Richard Brooks, der zuvor schon mit »Die Katze auf dem heißen Blechdach« ein Stück von Tennessee Williams verfilmt hatte, inszenierte mit dieser eindrucksvollen Adaption die Geschichte einer bitteren Enttäuschung. Für die Zeitschrift *Filmkritik* trägt die Besetzung »Kino-Usancen Rechnung: Paul Newman und Shirley Knight sehen in den Gegenwart-Szenen nicht minder proper und jugendfrisch aus als in den Rückblenden ... Das Beste sind die Randszenen, vor allem die zwischen Chance und seiner derzeitigen Gönnerin, einem rauschgift- und alkoholsüchtigen Filmstar. Geraldine Page beutet die Möglichkeiten dieser Rolle selbstsicher, doch ohne Koketterie aus. Wie sie die Selbstbehauptung der Süchtigen sichtbar macht, die in der Erniedrigung noch Format und Witz beweist (›Gib mir eine Zigarette – nein, eine normale, die Sorte, von der man Krebs bekommt‹), das entschädigt für die sirupösen love scenes.«

SÜSSER VOGEL JUGEND – SWEET BIRD OF YOUTH, Drama, USA 1962, Regie: Richard Brooks, Buch: Richard Brooks nach einem Theaterstück von Tennessee Williams, Kamera: Milton Krasner, Musik: Robert Armbruster und Harold Gelman, Produzent: Pandro S. Berman für Roxbury Productions Inc. Mit: Paul Newman, Geraldine Page, Ed Begley, Shirley Knight, Rip Torn, Mildred Dunnock, Madeleine Sherwood, Philip Abbott, Corey Allen, Barry Cahill, Dub Taylor.

Der Film »Süßer Vogel Jugend« (1962) ist eine Adaption der Broadwayproduktion von 1959, in der Newman aufgetreten war.

Paul Newman und Shirley Knight in »Süßer Vogel Jugend«

»Immer wenn ich ein Skript bekomme, versuche ich, mir vorzustellen, was ich daraus machen könnte. Ich sehe Farben, Bilder. Es muss einen Geruch haben. Es ist, wie wenn man sich verliebt. Man kann nicht sagen warum.«   Paul Newman

»Wir sind so verschwenderisch. Der große Trick des Lebens besteht darin, sich mit so wenig Tamtam wie nur möglich auf unserem Planeten zu bewegen.«   Paul Newman

Mit Geraldine Page in »Süßer Vogel Jugend«

DER WILDESTE UNTER TAUSEND – HUD (1963)

Texas zu Beginn der 1960er-Jahre. Auf der Bannon-Ranch züchtet der betagte Homer (Melvyn Douglas) noch immer Longhorn-Rinder, anstatt wie viele seiner Nachbarn auf seinem Land nach Öl zu suchen. Sein Festhalten an den Gewohnheiten und Anschauungen längst vergangener Pionierzeiten führt zu schweren Auseinandersetzungen mit seinem Sohn Hud (Paul Newman), einem draufgängerischen und jähzornigen jungen Mann, der mit den traditionellen Wertvorstellungen seines Vaters nichts anzufangen weiß. Als ihre Viehherden von der Maul- und Klauenseuche befallen werden, bricht eine Katastrophe herein. Auf Anordnung des von der Regierung entsandten Veterinärs soll die gesamte Herde getötet werden, um eine Epidemie zu verhindern. Hud, der nicht verstehen kann, dass sich sein Vater widerstandslos dieser Entscheidung beugt, setzt alles daran, den alten Homer entmündigen zu lassen ...

Der Abgesang auf den Cowboy-Mythos erzählt vom Wandel des amerikanischen Mittelwestens, dem Gegensatz mythischer Pionierzeitanschauungen der älteren Generation zu der Auflehnung der Jugend. Der Film erhielt drei Oscars – für die Darsteller Melvyn Douglas und Patricia Neal sowie den Kameramann James Wong Howe, der dem Film mit seinen kunstvollen Bildern eine eigentümliche, stimmungsvolle Dichte verliehen hat. Paul Newman, hier zum dritten Mal unter Martin Ritts Regie, lieferte eine schauspielerische Bravourleistung, die ihm neben euphorischem Presselob seinerzeit auch einen enormen Popularitätsschub bescherte. Vor allem das jugendliche Publikum sah in der von ihm verkörperten Figur eine Art Fortsetzung des rebellischen, unangepassten James-Dean-Typs. Newman selbst bezeichnete dies später in einem Interview als ein grundlegendes Missverständnis: »Die Zuschauer haben Hud glorifiziert, während es uns tatsächlich vielmehr darum ging, einen Mann ... mit einem tragischen Problem zu zeigen: Er kümmert sich einen Scheißdreck um irgendetwas außer um sich selbst. Das haben auch die meisten Kritiker übersehen.«

DER WILDESTE UNTER TAUSEND – HUD, Western, USA 1963, Regie: Martin Ritt, Buch: Irving Ravetch, Harriet Frank nach einem Roman von Larry McMurtry, Kamera: James Wong Howe, Musik: Elmer Bernstein, Produzenten: Irving Ravetch, Martin Ritt für Paramount Pictures und Salem-Dover Productions. Mit: Paul Newman, Melvyn Douglas, Patricia Neal, Brandon De Wilde, Whit Bissell, Crahan Denton, John Ashley, Val Avery, George Petrie, Curt Conway.

Paul Newman bereitete sich auf seine Rolle als nichtsnutziger Viehtreiber in »Der Wildeste unter Tausend« (1963) vor, indem er auf einer Ranch in Texas arbeitete. Obwohl seine Figur eher verachtenswert war, kam sie in Newmans Gestalt als Antiheld rüber.

Paul Newman und Melvyn Douglas in »Der Wildeste unter Tausend«

Paul Newman wurde für seine Rolle in »Der Wildeste unter Tausend« (1963) für einen Oscar nominiert. Auch wenn er am Abend der Oscarverleihung keine Trophäe mit nach Hause nahm, konnten es wenigstens zwei seiner Co-Stars: Melvyn Douglas als bester Nebendarsteller und Patricia Neal als beste Schauspielerin. Außerdem gewann der Film einen Oscar in der Kategorie »Beste Schwarzweiß-Kamera«.

»Für solche Underdog-Typen hat er im Laufe seiner Karriere immer Mitgefühl gezeigt ... Man braucht sich nur ›Der Wildeste unter Tausend‹ anzusehen oder ›Der Unbeugsame‹. Er fühlt, was diese Typen innerlich durchmachen, er fühlt wie sie. Er liebt es, wenn jemand sich gerade so durchschlagen kann, er liebt diese Randgruppen. Diese Menschen interessieren ihn am meisten.«
Robert Benton, Regisseur

Oben Paul Newman und Melvyn Douglas, unten Brandon De Wilde und Paul Newman in »Der Wildeste unter Tausend«

»Das erste Mal, dass Frauen auf mich reagierten, war nach meiner Erinnerung, als wir ›Der Wildeste unter Tausend‹ (1963) in Texas drehten. Die Frauen versuchten tatsächlich, in das Hotel einzudringen, in dem ich wohnte. Anfangs ist es schmeichelhaft für das Ego. Anfangs. Dann erkennt man, dass sie einen mit den Rollen, die man spielt, verwechseln – mit Figuren, die von Drehbuchautoren geschaffen wurden und nichts mit mir selbst zu tun haben.« Paul Newman

Paul Newman und Kameramann James Wong Howe bei den Dreharbeiten

DER PREIS – THE PRIZE (1963)

Eigentlich wollte der Schriftsteller Andrew Craig (Paul Newman) die Reise nach Stockholm gar nicht antreten. Doch die 200.000 Kronen für den Literaturnobelpreis kann er gut gebrauchen. Seine Bücher gehen schlecht. Seit ein paar Jahren macht er eher durch Alkoholexzesse als durch Literatur von sich reden. Das schwedische Außenministerium hat ihm deshalb die hübsche Inger Lisa (Elke Sommer) als Anstandsdame zugeteilt. Doch auch sie kann nicht verhindern, dass Craig gleich bei der ersten Pressekonferenz die Reporter mit der Enthüllung schockt, dass er unter einem Pseudonym Schundliteratur schreibt. Als Craig dem Physiknobelpreisträger Max Stratman (Edward G. Robinson) begegnet, wundert er sich, dass der freundliche Wissenschaftler sich plötzlich nicht mehr an ein gemeinsames Gespräch vom Vorabend erinnern will. Ein anonymer Anrufer bittet Craig in eine Stockholmer Wohnung, wo der Schriftsteller einen Sterbenden vorfindet. Da Craig sich einige Martinis genehmigt hat, glaubt die Polizei ihm nicht. Doch Craig lässt nicht locker und setzt seine Nachforschungen fort.

Die Verschwörungsgeschichte um einen amerikanischen Autor, der die Entführung eines Nobelpreisträgers von Stockholm in die UdSSR verhindern will, verbeugt sich mit witzigen Zitaten auch vor Alfred Hitchcock. Obwohl die Werbung 1963 mit der Schlagzeile »Packender – größer – gewagter ... als selbst Hitchcocks ›Der unsichtbare Dritte‹« ins Kino locken wollte, war das Werk alles andere als ein Erfolg. Deshalb brachte man es später noch einmal unter dem Titel »Kein Lorbeer für den Mörder« heraus, die Wochenzeitung *Die Zeit* hielt das für »einen zweifelhaften und mäßig gelungenen Versuch von MGM, den Erfolg von Hitchcocks ›Zerrissenem Vorhang‹ auszuschlachten. Der neue Titel soll nun das Publikum ein zweites Mal narren.« Paul Newman stand hier erstmals gemeinsam mit Hollywood-Ikone Edward G. Robinson vor der Kamera, mit dem er ein Jahr später auch den Western »Carrasco, der Schänder« drehte.

DER PREIS – THE PRIZE (weiterer deutscher Titel: KEIN LORBEER FÜR DEN MÖRDER), Krimi, USA 1963, Regie: Mark Robson, Buch: Ernest Lehman nach einem Roman von Irving Wallace, Kamera: William Daniels, Musik: Jerry Goldsmith, Produzenten: Pandro S. Berman, Kathryn Hereford für Roxbury Productions Inc. Mit: Paul Newman, Elke Sommer, Edward G. Robinson, Diane Baker, Micheline Presle, Gérard Oury, Sergio Fantoni, Kevin McCarthy, Leo G. Carroll, Sacha Pitoëff, Jacqueline Beer, John Wengraf, Don Dubbins, Virginia Christine.

Links: Sacha Pitoëff und Paul Newman in »Der Preis«

Die Sechziger gehörten Paul Newman, denn Filme wie »Haie der Großstadt«, »Der Preis«, »Der Unbeugsame« und »Butch Cassidy und Sundance Kid« machten ihn zu einem der erfolgreichsten Filmstars des Jahrzehnts.

EIN FALL FÜR HARPER – HARPER (1966)

Privatdetektiv Lew Harper (Paul Newman) bekommt von seinem Freund, dem Rechtsanwalt Albert Graves (Arthur Hill), einen Auftrag zugeschanzt. Mrs Sampson (Lauren Bacall), die Frau des Multimillionärs Ralph Sampson, möchte, dass Harper nach ihrem Mann fahndet, der plötzlich verschwunden ist. Sein Privatpilot Alan Taggert (Robert Wagner) war als Letzter mit ihm zusammen, weiß aber angeblich auch nicht, wo Sampson sein könnte.

Auf dem Landsitz der Familie lernt Harper Sampsons Tochter Miranda (Pamela Tiffin) kennen, die einem Abenteuer mit dem Detektiv nicht abgeneigt ist. Harper selbst hat Probleme mit seiner Frau (Janet Leigh). Sie will sich von ihm scheiden lassen, weil ihm sein gefährlicher Beruf mehr zu bedeuten scheint als ihre Ehe. Bald schon geht eine Lösegeldforderung ein. Obwohl diese erfüllt wird, kann der Entführte nicht gerettet werden und Harper findet schließlich dessen Leiche. Doch damit sind die Ermittlungen für ihn noch lange nicht abgeschlossen ...

Als Privatdetektiv Lew Harper, den Drehbuchautor William Goldman Lew Archer, der Hauptfigur eines Romans von Ross Macdonald, nachempfunden hatte, glänzt Paul Newman, der mit Regisseur Jack Smight im Jahr darauf auch den Kriegsfilm »Der Etappenheld« realisierte. Auch wenn die Filmwerbung damals ein »Adieu Agent James Bond« anstimmte, dauerte es neun Jahre, bis Stuart Rosenberg mit »Unter Wasser stirbt man nicht« einen weiteren »Harper«-Fall mit Paul Newman verfilmte. Meinolf Zurhorst lobt im »Lexikon des Kriminalfilms« vor allem die sozialkritische Sicht: »Langeweile am Swimmingpool, obskurer Sektenkult, verbrecherischer Menschenschmuggel mit illegalen Landarbeitern beschreiben in ausdrucksstarken Bildern bestimmte Teile der kalifornischen Gesellschaft sehr präzise. Und Paul Newmans Detektiv Harper macht darin keine schlechte Figur. Mit Lakonie und Humanität behauptet er sich in einer fremden, verkommenen Welt. Figur und Darsteller gingen dabei eine sympathische Kombination ein.«

EIN FALL FÜR HARPER – HARPER, Krimi, USA 1966, Regie: Jack Smight, Buch: William Goldman nach einem Roman von Ross Macdonald, Kamera: Conrad L. Hall, Musik: Johnny Mandel, Produzenten: Elliott Kastner, Jerry Gershwin für Warner Bros. Pictures. Mit: Paul Newman, Julie Harris, Lauren Bacall, Janet Leigh, Robert Wagner, Arthur Hill, Pamela Tiffin, Robert Webber, Shelley Winters, Harold Gould, Roy Jenson, Richard Carlyle.

»So stelle ich mir meine Grabinschrift vor: Hier liegt Paul Newman, der als Versager starb, weil seine Augen braun wurden.«   Paul Newman

Paul Newman in »Ein Fall für Harper«

»Newman ist ein Star, wie Bogart einer war. Seine Bandbreite ist nicht riesig; er kann keine Klassiker spielen, konnte Bogart auch nicht. Aber wenn eine Rolle zu ihm passt, ist er unvergleichlich.« Pauline Kael, Kritikerin

»Die Geschichte des Films ohne Paul Newman? Unvorstellbar.«
Martin Scorsese, Regisseur

Paul Newman in »Ein Fall für Harper«

»Paul Newmans Handwerk war die Schauspielerei. Autorennen waren seine Leidenschaft. Seine Liebe galt seiner Familie und seinen Freunden. Und sein Herz und seine Seele widmete er dem Versuch, die Welt zu einem besseren Ort für alle zu machen.«
Robert Forrester, stellvertretender Vorsitzender der Newman's Own Foundation

DER UNBEUGSAME – COOL HAND LUKE (1967)

In einer amerikanischen Provinzstadt »fällt« der total betrunkene Luke (Paul Newman) mit einem Rohrschneider reihenweise Parkuhren. Er wird zu zwei Jahren Zwangsarbeit verurteilt. Der bis dahin Unbescholtene versucht im Gefängnislager, den rauen Sitten und Gebräuchen zum Trotz, seine Identität zu bewahren. Er gerät in Konflikt mit den anderen Gefangenen und deren Anführer Dragline (George Kennedy), der den Neuen erst »hinbiegen« will. Schikanen ist Luke auch vonseiten der Aufseher ausgesetzt, die auf Kommando des Lagerleiters mit Gewalt die strengen Regeln des Strafvollzugs durchsetzen. Doch Luke gibt dem zweifachen Anpassungsdruck nicht nach. Sein Widerstandsgeist und seine Tapferkeit lassen ihn zum Helden der Mitgefangenen werden. Nach dem Tode der Mutter verliert Luke seine eiserne Beherrschung und flieht. Er wird gefangen, bricht erneut aus und wird wieder gestellt. Beim letzten Fluchtversuch wird er heimtückisch erschossen. Aber in den Gedanken der Mitgefangenen lebt der »Unbeugsame« als Mythos fort.

Knüppelharte Paraderolle für den charismatischen Paul Newman: Luke ist das schlechte Gewissen Amerikas. Er kommt aus dem Koreakrieg heim, findet sich nicht zurecht, säuft und auch im Gefängnis ist er ein Außenseiter – am Ende ist er total gebrochen: Paul Newman spielt den trotzigen Outlaw mit vollem Einsatz. Eine ausgezeichnete Kamera verdeutlicht die Gegensätze: Natur und unmenschliche Grausamkeit, schöne Sonnenuntergänge und brutale Peitschenhiebe.

Der Film war seinerzeit für vier Oscars nominiert, aber lediglich George Kennedy erhielt als bester Nebendarsteller die begehrte Trophäe. Nach kommerziellen Misserfolgen gelang Paul Newman das Comeback an den Kinokassen.

Prisma-Online lobt die bravourös inszenierte Mischung aus Action, Komik und Drama mit Paul Newman in einer seiner besten Rollen: »Auch wenn der ungebrochene Freiheitsdrang der Titelfigur im Mittelpunkt steht, kritisiert der Film auch inhumane Behandlungen in Gefangenenlagern.«

DER UNBEUGSAME – COOL HAND LUKE, Actionfilm, USA 1967, Regie: Stuart Rosenberg, Buch: Donn Pearce und Frank R. Pierson, Kamera: Conrad L. Hall, Musik: Lalo Schifrin, Produzenten: Gordon Carroll und Carter DeHaven. Mit: Paul Newman, George Kennedy, J. D. Cannon, Lou Antonio, Strother Martin, Morgan Woodward, Robert Drivas, Jo Van Fleet, Richard Davalos, Wayne Rogers, Dennis Hopper, Harry Dean Stanton, Anthony Zerbe, Clifton James, Luke Askew, Marc Cavell, Robert Donner, Warren Finnerty, James Gammon, Joy Harmon, Rance Howard, James Jeter, Buck Kartalian, John McLiam, John Pearce, Charles Tyner, Ralph Waite, Rush Williams, Joe Don Baker.

Paul Newman erhielt die Hauptrolle in »Der Unbeugsame«, nachdem Telly Savalas, die erste Wahl des Produzenten, wegen einer anderen Verpflichtung nicht rechtzeitig aus Europa wegkam.

In »Der Unbeugsame« (1967) zog Paul Newman wieder einmal die Boxhandschuhe an, so wie bereits in »Die Hölle ist in mir« (1956). Dieses Mal musste er sein Kinn allerdings einem wesentlich größeren Gegner hinhalten, seinem Co-Star George Kennedy.

»Hätte ein anderer Schauspieler als Paul Newman diese Rolle spielen können? Von den Stars der Zeit fällt mir keiner ein. Warren Beatty? Steve McQueen? Lee Marvin? Sie hätten die Präsenz und Ausdauer gehabt, aber nicht das Lächeln.«   Roger Ebert, Kritiker

Paul Newman erhielt zwar erneut eine Oscarnominierung als bester Schauspieler für seine Darbietung in »Der Unbeugsame« (1967), aber es war sein Co-Star George Kennedy, der die Auszeichnung für seine Nebenrolle als Dragline bekam.

»Ich habe keine Lust mehr. Wo ich auch hinschaue, sehe ich Rollen, die mich an Luke, Hud oder Fast Eddie erinnern. Gott, ich habe diese Rollen mehr als einmal gespielt. Es ist nicht nur gefährlich, sich zu wiederholen, es ist verdammt ermüdend.« Paul Newman

MAN NANNTE IHN HOMBRE – HOMBRE (1966)

1880, Arizona. »Hombre« ist kein Indianer, auch wenn es Fremden so scheint. Sein eigentlicher Name ist John Russell (Paul Newman). Seit Russell denken kann, lebt er mit den Apachen im Reservat San Carlos, hat ihre Lebensweise angenommen und kennt ihre Probleme. Eines Tages erfährt Russell, dass er ein Gasthaus geerbt hat. Er tritt die Erbschaft an, verkauft aber die Herberge ohne das geringste sentimentale Zögern, um mit dem Erlös zu den Apachen zurückzukehren. Die Postkutsche, die er benutzt, befördert eine bunt zusammengewürfelte Reisegesellschaft: Jessie (Diane Cilento), eine ehemalige Saloonwirtin, Dr. Favor (Fredric March), der 12.000 unterschlagene Dollar in seinem Gepäck hat, seine junge Frau Audra (Barbara Rush) und den ungehobelten, rücksichtslosen Grimes (Richard Boone). Die Postkutsche wird überfallen, das Geld geraubt und Audra als Geisel verschleppt. Dr. Favor registriert die Entführung seiner Frau mit Gelassenheit, wichtiger sind ihm seine Dollars, mit denen er sich heimlich, wenn auch vergeblich, davonzumachen trachtet. Russell weiß, dass Favor das Geld unterschlagen hat, indem er die Indianer um ihre Fleischrationen betrog und viele verhungern ließ. Er ist entschlossen, den Apachen ihr Eigentum zurückzubringen.

Regisseur Martin Ritt brachte bevorzugt brüchige Helden auf die Leinwand und Paul Newman war wie kaum ein anderer Schauspieler feinnervig genug, den sensiblen Außenseiter auch noch hinter der Maske des »kaltblütigen Bastards« (so ein Kritiker über Newman) glaubwürdig zu machen. Auch dieser Western war ein gelungenes Beispiel der Teamarbeit Ritt und Newman, denn es zeigte sich auch hier das engagierte Bemühen um die psychologische Zeichnung eines »Helden«, wie er etwa in den klassischen Western eines John Ford, der ähnlich eng mit John Wayne zusammenarbeitete, noch undenkbar gewesen wäre. Joe Hembus bezeichnete den Film in seinem *Western-Lexikon* als Markstein »wie John Fords ›Stagecoach‹, nach dessen Rezept er aufgebaut ist«.

MAN NANNTE IHN HOMBRE – HOMBRE, Western, USA 1966, Regie: Martin Ritt, Buch: Harriet Frank Jr. und Irving Ravetch nach einem Roman von Elmore Leonard, Kamera: James Wong Howe, Musik: David Rose, Produzenten: Irving Ravetch und Martin Ritt für Hombre Productions und 20th Century Fox Film Corporation. Mit: Paul Newman, Fredric March, Richard Boone, Diane Cilento, Barbara Rush, Cameron Mitchell, Martin Balsam, Peter Lazer, Margaret Blye, Skip Ward, Frank Silvera, Val Avery.

Links: Martin Balsam und Paul Newman in »Man nannte ihn Hombre«

Oben: Die legendären stahlblauen Augen – Newman Mitte der 1960er-Jahre

INDIANAPOLIS – WINNING (1969)

Frank Capua (Paul Newman) ist es gewohnt zu siegen. Auch beim Rennen in Redburne schafft er es wieder. Als er sich danach einen Leihwagen mieten will, lernt er Elora (Joanne Woodward) kennen. Sie ist geschieden und lebt mit ihrem 13-jährigen Sohn Charley (Richard Thomas) bei ihrer Mutter. Frank gefällt Elora so, dass er sie mit nach Kalifornien nimmt, und bald darauf heiraten sie. Elora, die Frank sehr liebt, belastet es nicht wenig, dass er mehr an seinen Wagen zu hängen scheint als an ihr.

Nach einigen Misserfolgen kommen beide nach Indianapolis, wo er beim 500-Meilen-Rennen starten soll. Einer seiner schärfsten Konkurrenten ist Luther Erding (Robert Wagner). Beide fahren sie für den Rennwagenkonstrukteur Leo Crawford (David Sheiner). Eines Nachts überrascht Frank seine Frau mit Luther Erding. Elora hat sich in einer Art Trotzreaktion mit Erding eingelassen, obwohl er ihr wenig bedeutet. Ihren Mann trifft das hart. Ein weiterer Schlag für ihn ist, dass er seinen Wagen an Erding abgeben soll, der den Motor seines eigenen Wagens im Training überdreht hat. Immerhin gibt Crawford Frank die Möglichkeit, Erdings Wagen zu reparieren und darin beim Rennen zu starten. Am Tag von Indianapolis entscheidet sich für Frank mehr als ein dramatisches Rennen.

Dreiecksgeschichte, Renn-Doku und Charakterstudie über Männer, Mädchen und Motoren: Paul Newman drehte die meisten Stunts selber und entdeckte dabei ähnlich wie Steve McQueen seine Begeisterung für den Motorsport.

Während sich die *Süddeutsche Zeitung* bei den dramaturgischen Konstellationen an einen drittklassigen Western erinnert fühlte und bei Paul Newman darstellerische Fähigkeiten völlig vermisste, lobt Björn Becher bei *Filmstarts.de* dagegen das Motorsport-Spektakel: »Für Genrefans gehört ›Indianapolis‹ trotz der zahlreichen und deutlichen Schwächen zum Pflichtprogramm. Neben den beiden Hauptdarstellern Newman und Woodward verdankt der Film dies aber einzig und allein der exzellenten Darstellung des finalen Rennens.«

INDIANAPOLIS – WINNING, Actiondrama, USA 1969, Regie: James Goldstone, Buch: Howard Rodman, Kamera: Richard Moore, Musik: Dave Grusin, Produzenten: John Foreman, George Santoro und Paul Newman für Jennings Lang, Newman-Foreman Company und Universal Pictures. Mit: Paul Newman, Joanne Woodward, Robert Wagner, Richard Thomas, David Sheiner, Clu Gulager, Barry Ford, Karen Arthur, Bobby Unser, Tony Hulman, Eileen Wesson.

Newman war ein begeisteter Rennfahrer und fuhr 1979 mit einem Porsche 935 das 24-Stunden-Rennen von Le Mans. Er wurde Zweiter. »Im Rennwagen habe ich mich zum ersten Mal anmutig gefühlt.«   Paul Newman

Paul Newman entdeckte seine Leidenschaft für Autorennen während der Dreharbeiten zu »Indianapolis« (1969).

»Man macht es nicht, um zu beweisen, dass man es kann. Man macht es, um zu gewinnen.« Paul Newman über Autorennen

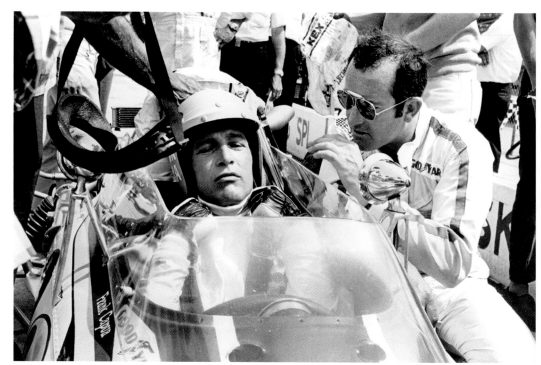

»Ich habe seine Leidenschaft kennengelernt, seinen Humor und vor allem seine Groß-zügigkeit. Nicht nur ökonomische Groß-zügigkeit, sondern seelische Großzügigkeit. Es ist legendär, wie er die Fahrer des Teams, die Crew und den Motorsport unterstützt hat. Er freute sich enthusiastisch über eine Pole-position oder den Sieg bei einem Rennen, und genauso enthusiastisch lebte er sein Le-ben und begegnete allen, die ihn kannten.« Carl Haas, Miteigentümer von Newman/Haas/Lanigan Racing

Im Jahr 1972 fuhr Newman sein erstes professionelles Autorennen und viele weitere Jahre sollten folgen.

»Wir verstanden uns als Rennfahrer, aber am faszinierendsten fand ich Pauls Vorstellung davon, was wir für wohltätige Zwecke tun sollten. Er legte die Latte hoch, nicht nur mit dem, was er gab, sondern mit dem, wie er es gab ... Paul hat es richtig gemacht und mit Stil. Ich werde ihn schrecklich vermissen.«

NASCAR-Fahrer Tony Stewart

BUTCH CASSIDY UND SUNDANCE KID –
BUTCH CASSIDY AND THE SUNDANCE KID (1969)

Butch Cassidy (Paul Newman) und Sundance Kid (Robert Redford) haben es um 1900 als Bank- und Eisenbahnräuber zu einer gewissen Berühmtheit im nicht mehr ganz so Wilden Westen gebracht. Ihr größter Coup, der zweimalige Überfall auf den Union Pacific Express, gelingt vor allem, weil sich die Bürger mehr für eine technische Apparatur, das Fahrrad, begeistern lassen, als für die Verfolgung der Zugräuber. Da der Sheriff aber eine exzellent gedrillte Profi-Truppe zusammenstellt, beschließen die beiden Räuber, zusammen mit der gemeinsamen Freundin Etta (Katharine Ross) nach Bolivien überzusiedeln. In dem zurückgebliebenen Land erwarten sie zunächst Sprachschwierigkeiten. Mit Ettas Hilfe lernen sie schnell, was »Hände hoch!« auf Spanisch heißt, und der finanzielle Erfolg bleibt nicht aus. Als Wächter für einen Lohntransport müssen sie bolivianische Banditen töten, was ihnen den Spaß am Räuberspielen gründlich verleidet. Für ein friedliches Leben ist es jedoch zu spät: Die beiden werden von der Polizei in eine Falle gelockt.

Mit Ausnahme eines Kurzfilms, in dem sich die beiden 1905 selbst auf der Leinwand gesehen haben sollen, war »Butch Cassidy und Sundance Kid« der erste Spielfilm, der sich an die populären Outlaws heranwagte. An der Seite von Paul Newman schaffte Robert Redford mit dem Film seinen Durchbruch. Regisseur George Roy Hill zeigt ihre wilden Schießereien, ihre Überfälle (mit dem gerade entdeckten Dynamit) und – last, not least – ihre amourösen Abenteuer. Einzigartig für einen Western ist die Fahrradszene, die Butch und die auf dem Lenker sitzende Etta zeigt, begleitet von Burt Bacharachs »Raindrops Keep Fallin' On My Head«. Der mit drei Oscars (Drehbuch, Kamera und Musik) ausgezeichnete Spätwestern beschreibt melancholisch, doch voller Ironie, den durch zivilisatorische Zwänge herbeigeführten Zerfall alter Freiheitsmythen. Zehn Jahre später erzählte Richard Lester in »Butch & Sundance – Die frühen Jahre« von der beginnenden Partnerschaft dieser beiden Banditen.

BUTCH CASSIDY UND SUNDANCE KID – BUTCH CASSIDY AND THE SUNDANCE KID (weiterer deutscher Titel: ZWEI BANDITEN), Western, USA 1969, Regie: George Roy Hill, Buch: William Goldman, Kamera: Conrad L. Hall, Musik: Burt Bacharach, Produzenten: John Foreman, Paul Monash und Paul Newman für Campanile Productions. Mit: Paul Newman, Robert Redford, Katharine Ross, Strother Martin, Henry Jones, Jeff Corey, Cloris Leachman, George Furth, Ted Cassidy, Donnelly Rhodes, Jody Gilbert, Don Keefer, Sam Elliott.

»Wir haben uns gegenseitig viele Streiche gespielt ... Ich habe ihm zu seinem fünfzigsten Geburtstag einen zerbeulten Porsche auf die Veranda liefern lassen. Er hat nie ein Wort darüber verloren, aber nicht lange danach fand ich eine Kiste mit geschmolzenem Metall im Wohnzimmer meines (gemieteten) Hauses. Sie hinterließ eine Delle im Boden. Ich ließ daraus dann eine wirklich hässliche Skulptur anfertigen und stellte sie in seinem Garten auf. Bis heute hat es keiner von uns je erwähnt.«
Robert Redford

Rechts: Paul Newman und Joanne Woodward im Jahr 1968 vor der Produktion des Films »Butch Cassidy und Sundance Kid«

Paul Newmans Fahrradtour mit Katharine Ross in dem Western »Butch Cassidy und Sundance Kid« (1969) hat Filmgeschichte geschrieben. Die gesamte Szene ist mit dem Song »Raindrops Keep Fallin' On My Head« von B. J. Thomas unterlegt.

Auch Dustin Hoffman war einmal im Gespräch für die Rolle des Butch in »Butch Cassidy und Sundance Kid« gewesen. Doch diese Rolle gehörte Newman und er erschuf eine der unvergesslichsten Figuren in der Geschichte des Westerns.

Robert Redford und Paul Newman sprangen für die berühmte Szene in »Butch Cassidy und Sundance Kid« tatsächlich von einer Klippe. Allerdings fielen die beiden in Wirklichkeit nur 1,80 Meter tief und landeten weich auf einer Matratze.

Steve McQueen sollte ursprünglich Sundance Kid spielen und der Film sollte »Sundance Kid und Butch Cassidy« heißen. Als McQueen ausstieg, änderte man den Titel in »Butch Cassidy und Sundance Kid«, weil Newman damals ein größerer Star war als Redford.

DIE LIEBE ZUR REGIE UND AMERIKANISCHE LEGENDEN

Paul Newman und seine Filme der 1970er-Jahre

Bereits Ende der 1960er-Jahre hatte Paul Newman die Seiten gewechselt: Für den Film »Die Liebe eines Sommers« mit Joanne Woodward in der Hauptrolle setzte er sich auf den Regiestuhl. »Ich hatte schon immer den Wunsch, irgendwann einmal Regie zu führen, denn die dazu notwendigen Vorarbeiten wie Proben und Schauplatzsuche, die Interpretation der Charaktere und der intellektuelle Aspekt haben mich von jeher mehr interessiert als die Schauspielerei an sich. Das macht mir viel mehr Spaß, als selbst auf die Bühne zu gehen oder vor einer Kamera zu agieren. Letzteres empfand ich viel eher als harte, schweißtreibende Arbeit denn als Vergnügen. Ich glaube, ich habe nicht viel von einem Exhibitionisten an mir.«

Bei sechs Filmen hat Paul Newman insgesamt Regie geführt. Bei »Die Liebe eines Sommers« nahm Joanne Woodward ihre Rolle aus »Ein langer heißer Sommer« wieder auf und spielte eine farblose, gehemmte Lehrerin in einer kleinen Stadt in New England, die plötzlich erkennt, was für ein ereignisloses Leben sie führt. Der Film wurde im Sommer 1967 gedreht, kam jedoch erst im August des folgenden Jahres in die Kinos. Überraschenderweise erwies er sich als enormer Erfolg, er spielte über acht Millionen Dollar ein und wurde von mehreren Kritikern zu den zehn besten Filmen der Filmgeschichte gezählt.

Nach dem überwältigenden Erfolg mit »Die Liebe eines Sommers« erhielt Paul Newman zahlreiche Regieangebote, doch er ließ sich Zeit und wartete auf ein gutes Drehbuch, das seinen Vorstellungen entsprach. Seine zweite Regiearbeit aber hatte er sich ursprünglich gar nicht ausgesucht: Als die Dreharbeiten zu »Sie möchten Giganten sein« im Juli 1970 schon seit mehr als drei Wochen im Gange waren, feuerte Paul Newman, der auch Co-Produzent war, den Regisseur Richard Colla mit der Begründung, »dass er einige Dinge nicht so sah, wie ich es eigentlich von ihm hätte erwarten können«. Newman übernahm selbst die Regie, doch der Film stand unter einem schlechten Stern: Kurz darauf brach er sich bei einem Motorradunfall den Fuß, und man musste die Dreharbeiten verschieben. Schwierigkeiten bei der weiteren Bearbeitung am Schneidetisch verzögerten die Fertigstellung des Streifens bis Ende 1971. Das Familiendrama über eine Holzfällersippe mit Paul Newman, Henry Fonda und Lee Remick floppte an den Kinokassen.

Paul Newmans dritte Regiearbeit »Die Wirkung von Gammastrahlen auf Ringelblumen« entstand 1972: Joanne Woodward spielte die Beatrice Hunsdorfer, eine keifende, vulgäre, kaugummikauende, biertrinkende Megäre. Sie lebt in einem verkommenen Haus in einer miesen Kleinstadt. Ihr Mann hat sie verlassen, sie ist nicht in der Lage, die Verantwortung für die Erziehung ihrer beiden halbwüchsigen Töchter zu tragen und fühlt sich vom Leben im Allgemeinen angewidert. Bei den Filmfestspielen in Cannes wurde Joanne Woodward als beste Darstellerin ausgezeichnet.

Danach drehte Paul Newman zwei Filme mit dem legendären Regisseur John Huston (1906–1987): »Das war Roy Bean« (1972) und »Der Mackintosh Mann« (1973). Der Bankräuber Roy Bean lässt sich in einem Grenzort als sogenannter »Richter« nieder. Dort regiert er mit einer Handvoll Banditen, verhängt laufend Todesurteile im Schnellverfahren und nimmt seine Kumpane beim Pokern aus. In der Titelrolle gibt Paul Newman eine grimmig-wortkarge Vorstellung. Das Drehbuch von John Milius orientierte sich lose an Beans Lebensgeschichte, der im Jahre 1825 geboren sein soll und 1903 an Altersschwäche starb. Bean kommt aus Kentucky und hat schon zwei Männer im Duell erschossen, bevor er in Texas eintrifft. Auch mit Robert Altman (1925–2006) realisierte Paul Newman zwei Filme: »Buffalo Bill und die Indianer« (1976) und »Quintett« (1979). Bereits im Oktober 1969 zahlte Paul Newman mit seiner Filmproduktionsfirma Newman-Foreman 500.000 Dollar für die Rechte an Arthur Kopits Theaterstück »Die Indianer«. Newman sollte den Buffalo Bill spielen, auf der Bühne dargestellt von Stacy Keach, und George Roy Hill war als Regisseur vorgesehen, doch diese Pläne zerschlugen sich, bis Robert Altman die Geschichte des Wildwesthelden als »Buffalo Bill und die Indianer« verfilmte. Den Schlusspunkt der 1970er-Jahre setzte das futuristische Endspiel »Quintett«: Nach einer nicht näher beschriebenen Katastrophe ist die Erde von ewigem Eis bedeckt. Der ehemalige Robbenjäger Essex (Paul Newman) sucht in einer der zerstörten Städte Zuflucht – hier sind die wenigen Überlebenden von dem Brettspiel Quintett besessen, das zur weiteren Dezimierung der Bevölkerung beiträgt. Als »ein Märchen in Eis, in das man sich hineinziehen lassen soll, ohne zu versuchen, das Unerklärliche zu begreifen« hat Robert Altman seinen Film beschrieben.

Paul Newman und Joanne Woodward in »Machenschaften« (1970): Reinhardt ist ein heruntergekommener Musiker, der eines Tages einen Job als Discjockey bei einer rechtsradikalen Radiostation in New Orleans bekommt. Er teilt ein Zimmer mit der ebenfalls total desillusionierten Geraldine, die sich aber im Gegensatz zu ihrem Zimmergenossen Überreste eines Gewissens bewahrt hat. Reinhardt wird für eine Kampagne des Senders eingespannt, mit der der angebliche Missbrauch von Wohlfahrtsgeldern aufgedeckt werden soll. Er kommt aber dahinter, dass die ganze Angelegenheit ein Riesenschwindel ist. Trotzdem schafft er es nicht, seine Apathie zu überwinden und selbst etwas zu unternehmen. Bei einer von dem Sender veranstalteten Großkundgebung kommt es schließlich zur Katastrophe ...

Paul Newman galt 1970 als »Repräsentant der heutigen Zeit« und als »verantwortungsbewusster Bürger unseres Landes«. Sein großes Interesse an politischen Problemen zeigte sich auch in »Machenschaften«, den Newman selbst »für den bedeutendsten Film« hielt, den er je gemacht hatte. Es war der einzige Film, für den auch er mit PR-Auftritten warb. Die Kritiker waren weniger begeistert, und der Film, der rund 4,8 Millionen Dollar gekostet hatte, wurde in den USA kaum gezeigt.

Im Jahr 1971 war Paul Newman in dem Dokumentarfilm »Once Upon A Wheel« zu sehen: Neben Rennfahrern wie Mario Andretti, Parnelli Jones, Jackie Stewart, Al und Bobby Unser waren auch Gaststars wie Kirk Douglas, Dick Smothers und James Garner beteiligt.

»Ich würde gern in die Rolle des pensionierten Schauspielers schlüpfen, der im Wald spazieren oder angeln geht. Aber ich komme nicht davon los, mich in diese Maschinen zu schnallen.« Paul Newman über seine Vorliebe fürs Autorennen

DER MACKINTOSH MANN –
THE MACKINTOSH MAN (1973)

In der Hoffnung, den Kopf eines Spionageringes entlarven zu können, muss der britische Agent Joseph Rearden (Paul Newman) ins Gefängnis. Er soll verhindern, dass der inhaftierte kommunistische Spion Slade (Ian Bannen) außer Landes flieht. Nach der Verurteilung wegen Diamantenschmuggels lässt sich Rearden zu Slade in die Zelle sperren. Bei einer raffiniert in Szene gesetzten Aktion wagen die beiden eine durch die Unterstützung einer internationalen Fluchthelferorganisation ermöglichte Flucht, bei der überraschend viel schiefgeht. Die Aktion erweist sich als das Werk des Londoner Spionageabwehrchefs Mackintosh (Harry Andrews). Und allmählich merkt Rearden, dass er nicht mehr der Jäger, sondern der Gejagte ist. Ihm wird klar, dass er im Plan seines undurchsichtigen Chefs Mackintosh nur eine Marionette ist.

Nachdem Rearden mit knapper Not einem Mordanschlag entgeht, trifft er sich mit Mackintosh. In Zusammenarbeit mit dessen Tochter Veronique verfolgt der Geheimagent den inzwischen geflohenen Slade auf die Jacht des Unterhausabgeordneten George Wheeler, der schließlich als Chef einer für den Osten arbeitenden Spionageorganisation entlarvt und unschädlich gemacht wird.

»Ein durch und durch hinterhältiger Film, alles andere als einfach zu durchschauen«, schrieb der *Tagesspiegel*. Regisseur John Huston hat aus einer Kriminal- und Gangsterstory einen kompliziert gebauten Polit-Thriller gemacht, der in ungewöhnlich verdichteter Form die Aussage enthält, dass Politik und Verbrechen, Volksvertretung und Agentendasein oft nicht mehr zu trennen seien. Den Agenten auf der Flucht spielt Paul Newman emotionslos und diszipliniert. Über die distinguierte, intelligente Schnitzeljagd, die sich zu einem Allfrontenkrieg wandelt, bemerkte das *Spandauer Volksblatt*: »Übrig bleiben am Ende Leichen, ein als sinnlos erkanntes patriotisches Jagdprinzip und – in Gestalt von Paul Newman – eine neue Variante von Hustons ›gebrochenem Helden‹.«

DER MACKINTOSH MANN – THE MACKINTOSH MAN, Thriller, USA 1973, Regie: John Huston, James Arnett, Buch: Walter Hill nach einem Roman von Desmond Bagley, Kamera: Oswald Morris, Musik: Maurice Jarre, Produzenten: John C. Foreman, William Hill für Newman-Foreman Company. Mit: Paul Newman, James Mason, Dominique Sanda, Harry Andrews, Ian Bannen, Michael Hordern, Nigel Patrick, Peter Vaughan, Roland Culver, Robert Lang, Leo Genn.

Die Handlung des Thrillers »Der Mackin- Oben: Paul Newman und Dominique San-
tosh Mann« (1973) basierte auf einer Folge da in »Der Mackintosh Mann«
der Fernsehserie »Simon Templar«, in der
Paul Newmans Rolle von Roger Moore gespielt wurde.

DER CLOU – THE STING (1973)

Chicago, 1936: Der Betrüger Johnny Hooker (Robert Redford), der sich auf Brieftaschen spezialisiert hat, gerät eines Tages an einen gut betuchten Kunden. Das Geld, das er ihm abnimmt, gehört jedoch dem Gangster Doyle Lonnegan (Robert Shaw), der einen von Hookers Freunden ermorden lässt. Nun sucht Hooker beim erfahrenen Edelganoven Henry Gondorff (Paul Newman) Rat und Hilfe, weil er den toten Freund rächen will. Die beiden beschließen, Lonnegans Schwächen auszunutzen: das Kartenspiel und die Pferdewette.

Bei einer ausgedehnten Pokerpartie erweist sich Gondorff als der raffiniertere Betrüger. Er kann Lonnegan eine beträchtliche Summe abnehmen – das Betriebskapital für den nächsten Coup, bei dem diesem gefährlichen Gangster ein weitaus wirkungsvollerer Denkzettel verpasst werden soll. Mit ihren Freunden aus dem Ganovenmilieu richten Hooker und Gondorff einen perfekt aussehenden falschen Buchmacherladen ein, in dem Lonnegan zum Wetten animiert wird. Die Sache läuft zunächst gut an, aber dann taucht die Polizei auf, die hinter Hooker her ist. Doch den beiden Gaunern gelingt es, sie in ihr ausgetüfteltes Spiel einzubeziehen.

Die mit sieben Oscars (in den Kategorien bester Film, Regie, Drehbuch, adaptierte Musik, Kostüme, Schnitt und Ausstattung) ausgezeichnete Gaunerkomödie, die George Roy Hill in nostalgischen Dekors inszenierte, wurde ein Welterfolg und ist von zeitloser Schönheit. Robert Redford und Paul Newman, die sich fantastisch ergänzen, hatten sich unter Hills Regie bereits als »Butch Cassidy und Sundance Kid« bewährt.

Auch wenn man die Tricks, mit denen die Gentlemen-Betrüger den mörderischen Gangsterboss über den Tisch ziehen, längst kennt – es macht immer wieder Spaß zuzusehen, wie sie das mit einem Augenzwinkern tun. Die Filmmusik, die Ragtime-Melodien von Scott Joplin verwendet, führte zu einer Wiederentdeckung dieses Komponisten. »Perfekter Hollywood-Film«, urteilte die New York Daily News: »Newman und Redford, das beste Männerteam der Filmgeschichte.«

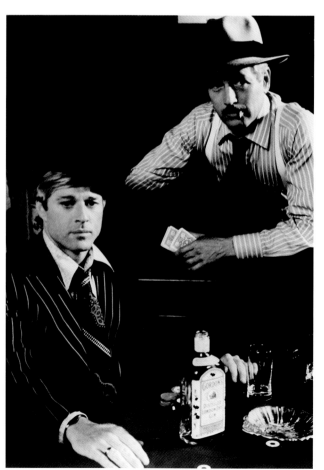

DER CLOU – THE STING, Krimikomödie, USA 1973, Regie: George Roy Hill, Buch: David S. Ward, Kamera: Robert Surtees, Musik: Marvin Hamlisch, Produzenten: Richard D. Zanuck, Tony Bill, Julia Phillips und Michael Phillips für Zanuck/Brown Productions und Universal Pictures. Mit: Paul Newman, Robert Redford, Robert Shaw, Eileen Brennan, Charles Durning, Ray Walston, John Heffernan, Sally Kirkland, Harold Gould, Dana Elcar, Jack Kehoe, Dimitra Arliss, Robert Earl Jones.

»Es gibt einen Punkt, an dem Gefühle stärker sind als Worte. Ich habe einen wahren Freund verloren. Mein Leben – und dieses Land – war besser, als er noch da war.«   Robert Redford

In »Der Clou« (1973) standen Robert Redford und Paul Newman zum letzten Mal gemeinsam vor der Kamera. Ihre erste Zusammenarbeit war der Western »Butch Cassidy und Sundance Kid« (1969).

»Wenn man pokert und sich am Tisch um-
schaut und nicht ausmachen kann, wer der
Dumme ist, dann ist man es selbst.«

Paul Newman

Unten: Paul Newman, der Regisseur George
Roy Hill und Co-Star Robert Redford hatten

am Set von »Der Clou« viel zu lachen. Zwar
wurde Paul Newman selbst bei der Oscarverleihung nicht bedacht, aber George Roy
Hill gewann einen Oscar für die beste Regie,
Robert Redford war als bester Schauspieler
nominiert und der Film wurde zum besten
Film 1973 gewählt.

FLAMMENDES INFERNO –
TOWERING INFERNO (1974)

Als sich die High Society von San Francisco zur Einweihung des höchsten, modernsten und luxuriösesten Wolkenkratzers mit 135 Stockwerken versammelt, werden die ersten Anzeichen von Bauschlamperei entdeckt. Elektroinstallateur Simmons (Richard Chamberlain) hat billiges Kabel-Material beim Bau verwendet und dadurch zwei Millionen Dollar in die eigene Tasche gewirtschaftet. Architekt Roberts (Paul Newman) giftet den abgefeimten Profiteur an, weil er Bau-Auflagen nicht beachtet hat. Trotz der mangelhaften Sicherheitsvorkehrungen wird gefeiert. In einem unbeobachteten Raum züngeln die Flammen. Ein kleiner, kontrollierbarer Brand, so denken die Verantwortlichen, den man den Gästen einfach verschweigen und ohne Hilfe von außen bekämpfen kann. Doch das Feuer breitet sich aus; auflodernde Flammen quer durch die Stockwerke und Treppenhäuser. Die Feuerwehr unternimmt dramatische Anstrengungen, das Feuer unter Kontrolle zu bringen, Frauen, Männer und Kinder zu retten. Doch der gigantische Glasturm wird zu einer heimtückischen Falle. Die Rettungsversuche sind zum Scheitern verurteilt. Am Ende hat das Unglück über 200 Todesopfer gefordert.

Drei Oscars heimste der atemberaubende Katastrophenfilm von John Guillermin ein: für den besten Schnitt, die beste Kamera und den besten Filmsong. Für *Prisma-Online* ist es »einer der bekanntesten und erfolgreichsten Katastrophenfilme der 70er-Jahre ... Unterschiedliche Charaktere in unterschiedlichen Nöten werden mit einer Extremsituation konfrontiert. Der eine wird zum Helden, der andere erweist sich als mieser Knochen. Alles nichts Neues, aber sehenswert ist das allemal der Effekte wegen ... Eitelkeiten am Rande: Steve McQueen bestand darauf, dass er auf die Zeile genau so viel Dialog haben müsse wie Co-Star Paul Newman.« Der *Münchner Merkur* bezeichnete die Katastrophe als den eigentlichen Star des Films, für den die beiden Hollywood-Studios Warner Bros. und 20th Century Fox die Produktionskosten von 20 Millionen Dollar gemeinsam aufbrachten.

FLAMMENDES INFERNO – TOWERING INFERNO, Katastrophenfilm, USA 1974, Regie: John Guillermin, Irwin Allen (Actionszenen), Buch: Stirling Silliphant nach Romanen von Richard Martin Stern, Thomas N. Scortia, Frank M. Robinson, Kamera: Fred J. Koenekamp, Joseph Biroc, Musik: John Williams, Joel Hirschhorn und Al Kasha, Produzent: Irwin Allen für 20th Century Fox/Warner. Mit: Steve McQueen, Paul Newman, William Holden, Faye Dunaway, Fred Astaire, Robert Wagner, Susan Blakely, Richard Chamberlain, Robert Vaughn, Jennifer Jones, Don Gordon, O. J. Simpson, Malcolm Atterbury, Susan Flannery, Sheila Mathews, Normann Burton, Jack Collins, Gregory Sierra, Felton Perry, Ernie Orsatti, Carol McEvoy, Michael Lookinland, Carlena Gower, Olan Soule, John Crawford, Dabney Coleman.

Paul Newman und Regisseur Irwin Allen bei den Dreharbeiten zu dem Film »Flammendes Inferno«. Paul Newman hat auch in diesem Film fast alle seine Stunts selbst gemacht.

Bei dem Katastrophenfilm »Flammendes Inferno« (1974) bestand Steve McQueen darauf, dass er und Co-Star Paul Newman exakt die gleiche Anzahl von Dialogen hatten. Die Schauspieler erhielten auch die gleiche Gage in Höhe von einer Million Dollar und jeder erhielt eine 7,5-prozentige Gewinnbeteiligung. Oben: Steve McQueen, Faye Dunaway und Paul Newman in »Flammendes Inferno«

UNTER WASSER STIRBT MAN NICHT –
THE DROWNING POOL (1975)

Privatdetektiv Lew Harper (Paul Newman) bekommt von Iris Devereaux (Joanne Woodward), mit der er vor Jahren ein kurzes erotisches Abenteuer hatte, den Auftrag, die Herkunft eines anonymen Briefes zu untersuchen, in dem ihr mit der Bloßstellung ihrer Affären gedroht wird. Iris hält den vor kurzem gefeuerten Chauffeur Reavis (Andrew Robinson) für den Schreiber. Nach seiner Ankunft erkennt Lew den Grund ihrer Angst. Es ist ihre herrische Schwiegermutter Olivia (Coral Browne), die sich weigert, dem reichen J. J. Kilbourne (Murray Hamilton) Land zu verkaufen, auf dem dieser Öl vermutet. Kilbourne versucht vergeblich, die Dienste Harpers zu kaufen. Als Olivia in ihrem Swimmingpool ertrunken aufgefunden wird, wird Harper vom übereifrigen Lieutenant Franks verhaftet. Polizeichef Broussard lässt ihn wieder frei, aber mit dem Rat, den Fall aufzugeben. Harper jedoch sucht weiter nach Reavis. Dessen Freundin Gretchen (Linda Haynes) bringt ihn auf eine Spur, doch Reavis ist bereits tot.

Paul Newman spielte die Rolle des knurrigen Privatdetektivs Lew Harper 1965 erstmals in »Ein Fall für Harper«. Diese Fortsetzung entstand knapp zehn Jahre später. »Den unendlich verzwickten und von ständigen Enthüllungen gefüllten Film hat Stuart Rosenberg schlüssig inszeniert und vor allem mit dem soliden Anstrich guter Hollywood-Wertarbeit versehen«, urteilte der *Berliner Tagesspiegel*: »Das Ehepaar Newman/ Woodward entledigt sich seiner Aufgaben so großartig, als bewegte es sich durch einen Tennessee-Williams-Stoff. Ein sehenswerter Gebrauchsfilm – raffinierter gemacht als manches Werk mit Kunstanspruch.« Dagegen meinte Jürgen Stefan in der *Frankfurter Allgemeinen Zeitung*: »Die innere Handlung kreist in Problemzonen, die uns nichts angehen, es sei denn, wir besitzen Ölquellen und das entsprechende Machtbedürfnis oder empfinden besorgtes Mitgefühl für die moralische Anfälligkeit von Millionärsfamilien im Rahmen einer fortwährenden Entsittlichung des Bar- und Hotelgewerbes in den Südstaaten der USA.«

UNTER WASSER STIRBT MAN NICHT – THE DROWNING POOL, Krimi, USA 1975, Regie: Stuart Rosenberg, Buch: Tracy Keenan Wynn, Lorenzo Semple Jr., Walter Hill, Eric Roth nach einem Roman von Ross Macdonald, Kamera: Gordon Willis, Musik: Michael Small, Produzenten: David Foster, Hawk Koch, Lawrence Turman für Coleytown, David Foster Productions, The First Artists Production Company Ltd., Turman-Foster Company und Warner Bros. Pictures. Mit: Paul Newman, Joanne Woodward, Anthony Franciosa, Murray Hamilton, Gail Strickland, Melanie Griffith, Linda Haynes, Richard Jaeckel, Paul Koslo, Joe Canutt, Andrew Robinson.

1975 schlüpfte Paul Newman für den Film »Unter Wasser stirbt man nicht« wieder in die Rolle des Privatdetektivs Lew Harper. Bei diesem Film arbeitete Newman erneut mit Stuart Rosenberg zusammen, der bei »Der Unbeugsame« Regie geführt hatte.

»Er war der großzügigste, verständnisvollste, einzigartigste, attraktivste, philanthropischste und wirklich der freundlichste Mensch, den ich kannte. Die Welt hat gerade einen der großartigsten Menschen überhaupt verloren.« Melanie Griffith

Oben Joanne Woodward und Paul Newman in »Unter Wasser stirbt man nicht«, unten Melanie Griffith, Tippi Hedren und Paul Newman bei den Dreharbeiten

BUFFALO BILL UND DIE INDIANER –
BUFFALO BILL AND THE INDIANS (1976)

Büffeljäger William Cody (Paul Newman), genannt Buffalo Bill, hat es zum Chef einer Wildwestshow gebracht, in der er seine erfundenen Heldentaten als Zirkusattraktionen vorführt. So vermarktet er einen Ruhm, den ihm ein Autor von Groschenromanen nur angedichtet hat. Sein geborgtes Selbstbewusstsein gerät ins Wanken, als der Indianerhäuptling Sitting Bull (Frank Kaquitts) als Gaststar in seiner Show auftritt. Dieser macht Cody fortan das Leben schwer, weil er sich nicht einfach an die Regeln des Showbusiness halten will und selbst dann noch stört, als Präsident Cleveland auf seiner Hochzeitsreise Buffalo Bill die Ehre gibt ...

Der Buffalo-Bill-Film basiert auf dem Theaterstück »Die Indianer« von Arthur Kopit, der sein Werk sechsmal umschreiben musste, ehe es am Broadway aufgeführt werden konnte. Robert Altman erzählt in seinem Film keine Geschichten, er erzählt die Geschichte von Buffalo Bill: Zustände und Personen einer Zeit werden beschrieben; Buffalo Bill mit Toupet und Lederwams reitet durch die Arena und schreckt nicht davor zurück, den Indianer Sitting Bull aus dem Reservat zu holen und in der Zirkusmanege zu unterwerfen. »There Is No Business Like Showbusiness«, jener Musical-Titel aus »Annie Get Your Gun«, könnte tatsächlich von Buffalo Bill stammen, der mit seiner Wildwestshow 1885 zu den größten Attraktionen zählte und sich selbst als Begründer des amerikanischen Showgeschäfts proklamierte. Schon andere haben versucht, den Mythos Buffalo Bill zu zerstören. So 1944 William A. Wellman in seinem Film »Buffalo Bill, der weiße Indianer«, doch Altman ist dies um einiges besser gelungen; er schaffte es, durchgehend einen lässig-ironischen Spott zu halten, der Distanz schafft und den Helden der Jämmerlichkeit und Lächerlichkeit preisgibt. Paul Newman füllt den Angeber Buffalo Bill hervorragend aus und kratzt recht zynisch auch am eigenen Schauspieler-Image vergangener Filmheldenrollen. Der Film gewann 1976 auf der Berlinale einen Goldenen Bären.

BUFFALO BILL UND DIE INDIANER – BUFFALO BILL AND THE INDIANS, Western, USA 1976, Regie: Robert Altman, Buch: Robert Altman, Alan Rudolph, Kamera: Paul Lohmann, Musik: Richard Baskin, Produzent: Robert Altman. Mit: Paul Newman, Joel Grey, Kevin McCarthy, Burt Lancaster, Geraldine Chaplin, Allan Nicholls, Harvey Keitel, Frank Kaquitts, Mike Kaplan, Bert Remsen, John Considine, Will Sampson, Shelley Duvall, Fred Larsen, Pat McCormick, Denver Pyle.

Paul Newman spielte William »Buffalo Bill« Cody in Robert Altmans Westernkomödie »Buffalo Bill und die Indianer«. Obwohl der Film kein Kassenschlager wurde, rief er eine Kontroverse wegen seiner scharfen Kritik an amerikanischen Traditionen hervor.

»Er versteht, dass die schwerste Aufgabe für einen Schauspieler darin besteht, im Laufe eines langen Tages 45 Sekunden Wahrheit zu drehen.«   Tom Hanks

Oben Geraldine Chaplin und Paul Newman, unten Paul Newman und Will Sampson in »Buffalo Bill und die Indianer«

SCHLAPPSCHUSS – SLAP SHOT (1977)

Reggie Dunlop (Paul Newman), ehemaliges Eishockey-Ass, übernimmt als Spielertrainer die drittklassige Provinz-Mannschaft der »Chiefs« aus Charleston. Ausgerechnet die drei Hanson-Brüder Jeff (Jeff Carlson), Steve (Steve Carlson) und Jack (David Hanson) mit dicken Brillengläsern und einer sehr kindlichen Natur sollen dem Team einverleibt werden. Dunlop lässt sie erst mal auf der Bank schmoren. Als die Mannschaft eines Tages hört, dass sie verkauft oder aufgelöst werden soll, hat auch der Coach nichts mehr zu verlieren und schickt die Hansons aufs Eis. Mit durchschlagendem Erfolg, denn die prügeln sich auf dem Eis in den oberen Rang, sodass ihr Marktwert steigt. Kurz vor dem Meisterschafts-Finale erfährt Trainer Dunlop, dass er und die Spieler für die reiche Anita McCambridge (Kathryn Walker) als Besitzerin der »Chiefs« nur als Steuerabschreibung von Belang sind. Als er das dem Team erzählt, kommt es zu einem denkwürdigen Endspiel …

Den abgetakelten Eishockey-Profi, der das Ende seiner geldbringenden Tage vor Augen hat, spielt Paul Newman in seinem dritten Film mit Regisseur George Roy Hill (nach den schwülen Männerfreundschafts-Balladen »Butch Cassidy und Sudance Kid« und »Der Clou«) durchaus glaubhaft. Der Schauspieler hat immer wieder betont, dass er bei den Dreharbeiten viel Spaß hatte, und »Schlappschuß« als seinen Lieblingsfilm bezeichnet.

Lothar Lambert befand in der Berliner Mittagszeitung *Der Abend*, Paul Newman wirke »ab und zu etwas verloren zwischen all den rauen Burschen, die er nur noch zu Höchstleistungen anheizt, anstatt ihnen frech etwas vorzumachen … Die Szenen sind so laut und wechseln so schnell, dass man kaum merkt, wie hier an den psychologischen Möglichkeiten des Stoffes vorbeigefilmt wurde. Der plötzliche Striptease auf dem Eis, den ein Spieler aus Protest gegen die Brutalisierung vollführt, funktioniert nur als Gag, und manche ernsthafte menschliche Thematik bleibt in Andeutungen stecken. Ein sehr rüder Spaß für alle, denen es nicht wild genug zugehen kann.«

SCHLAPPSCHUSS – SLAP SHOT, Sportkomödie, USA 1977, Regie: George Roy Hill, Buch: Nancy Dowd, Kamera: Victor J. Kemper, Musik: Elmer Bernstein, Jerry Teuber, Produzenten: Stephen Friedman, Robert J. Wunsch, Robert Crawford Jr. für Kings Road Entertainment, Pan Arts Productions, Universal Pictures. Mit: Paul Newman, Strother Martin, Michael Ontkean, Jennifer Warren, Lindsay Crouse, Jerry Houser, Andrew Duncan, Jeff Carlson, Steve Carlson, David Hanson, Yvon Barrette, Allan F. Nicholls, Brad Sullivan, Stephen Mendillo, Yvan Ponton, Matthew Cowles, Kathryn Walker, Melinda Dillon, M. Emmet Walsh.

»Nach den Dreharbeiten zu ›Schlappschuß‹ habe ich mehr geflucht als vorher. Mir wurde klar, dass ich ein Problem hatte, als ich meine Tochter fragte: ›Würdest du mir bitte mal das verdammte Salz rüberreichen?‹«

Paul Newman

Über die Jahre wurde »Schlappschuß« in viele Film-Bestenlisten aufgenommen. *Entertainment Weekly* setzte ihn auf Platz eins der »Top 50 Kultfilme« und *Maxim* ernannte ihn 1998 zum »Besten Jungsfilm aller Zeiten«.

In der rauen Komödie »Schlappschuß« spielte Paul Newman Reggie Dunlop, den Spielertrainer eines furchtbaren Eishockey-teams einer unterklassigen Liga. Newman zählte diese Rolle zu seinen absoluten Favoriten.

Paul Newman hat einem Journalisten einmal erzählt, dass er, nachdem er das erfreulich normale Drehbuch für »Schlappschuß« gelesen hatte, sich nicht mehr davon abbringen lassen wollte, in dieser Sportkomödie mit-zuspielen.

AUF DEN SPUREN
VON TENNESSEE WILLIAMS

Paul Newman und seine Filme der 1980er-Jahre

Auch in den 1980er-Jahren machte Paul Newman nicht nur als Darsteller in Filmen wie »The Bronx« (1981) und »Die Schattenmacher« (1989) von sich reden, sondern führte auch wieder bei drei Filmen Regie. Fürs Fernsehen entstand 1980 der Film »Endstation Malibu«, die Verfilmung des Theaterstücks »The Shadow Box« von Michael Cristopher. Das Theaterstück wurde 1977 in Los Angeles uraufgeführt und fand schnell seinen Weg an den Broadway. Das Leben genießen, jede Minute bewusst erleben – das ist die Botschaft dieses Stücks, in dessen Mittelpunkt drei sehr verschiedene Familien stehen, die jedoch eines gemeinsam haben: In jeder Familie gibt es einen, der den Tod vor Augen hat, der unheilbar krank ist. Ein kultiviertes geschiedenes Paar (Joanne Woodward und Christopher Plummer), das einander trotz ihrer Freizügigkeit und seiner Liebesbeziehung zu einem jungen Mann (Ben Masters) noch sehr zugetan ist. Als Gegensatz dazu ein Ehepaar aus der Arbeiterschicht (Valerie Harper und James Broderick) mit seinem Sohn Steve im Twen-Alter. Zur dritten Familie gehört eine ehemals hübsche, doch immer unbeachtet und unverheiratet gebliebene Tochter (Melinda Dillon), die sich aufopfert, ihre jetzt betagte, todkranke Mutter (Silvia Sidney) zu pflegen. Sie wohnen alle vorübergehend in hübschen Häuschen, die zu einem Komfort-Hospital in den kalifornischen Bergen gehören – die »Endstation Malibu«. Der Kritiker Lothar Lambert lobte Paul Newmans Debüt als Fernsehregisseur: »Auf den Spuren von Tennessee Williams fächerte das amerikanische Fernsehspiel Psychodramen auf ... Paul Newman inszenierte mit Klasse-Besetzung. Die effektvollste Rolle hat Newman seiner Frau Joanne Woodward reserviert. Auch Silvia Sidney als alte Dame, die sich gegen das Sterben wehrt, hat faszinierende Momente.«

Ebenfalls eine Familiengeschichte erzählte 1984 der Film »Harry & Son« – Vater Harry (Paul Newman als sein eigener Regisseur) und sein Sohn Howie (Robby Benson) streiten sich: »Ich will arbeiten und kann nicht. Du kannst arbeiten und willst nicht.« Der Vater ist seinen Job als Kranführer los, nun ist er arbeitsloser Witwer im Generationskonflikt: Sein Sohn träumt von einer Schriftstellerkarriere, während der Vater ihn in einen »anständigen« Beruf drängen will. Paul Newman war zwar ein recht sensibler Regisseur, nur gelang es ihm hier nicht, der sentimentalen Geschichte so recht auf die Sprünge zu helfen: Die Niederlagen, die die Hauptfiguren erfahren müssen, lassen den Zuschauer relativ kalt und das Generationenproblem wird auch nur auf kleiner Flamme gekocht. Eigentlich sind Harry und Howie so liebenswerte Kumpel, dass ihre Streitereien eher überraschend denn logisch wirken.

Paul Newmans letzte Film-Regie war 1987 »Die Glasmenagerie«, eine der unverfälschtesten Tennessee-Williams-Adaptationen für den Film: Vor dem Hintergrund der wirtschaftlichen Depression im Amerika der 1930er-Jahre erzählt das Vierpersonenstück »Glasmenagerie« die Geschichte des gehbehinderten Mädchens Laura, die mit ihrer durch Ehe- und Geldprobleme verbitterten Mutter und einem von Schriftstellerruhm träumenden Bruder zusammenlebt. In ihrer Lebensangst und Menschenscheu flüchtet sich Laura in eine – durch ihre Glastier-Sammlung symbolisierte – Traumwelt. Auch ihre letzte Hoffnung, durch eine Liebesbeziehung diesem »Käfig« zu entfliehen, wird enttäuscht. Im »Fischer Film Almanach« heißt es über die Verfilmung: »1945 schaffte Tennessee Williams mit diesem autobiografisch getönten Südstaaten-Psychogramm den Durchbruch am Broadway. Und genau wie die erste Filmfassung 1950 mit Jane Wyman und Kirk Douglas und die 1973 mit Katharine Hepburn entstandene TV-Verfilmung stützt sich die Inszenierung des Hollywoodstars Paul Newman ganz auf die schauspielerische Potenz seiner Darsteller, allen voran seine Frau Joanne Woodward als Mutter. Paul Newmans schnörkellose, ganz der Theatervorlage verpflichtete Inszenierung betont anrührend, aber ohne Sentimentalität die Einsamkeit als Zentralerlebnis der Williamsschen Figuren und ihre verzweifelten Versuche, durch ›Wände‹ hindurch zum anderen zu gelangen.« Kameramann der Verfilmung war Michael Ballhaus, der sich von Paul Newman beeindruckt zeigte: »Ich hatte seinen Film ›Die Liebe eines Sommers‹ gesehen, der mir sehr gut gefallen hatte. Und dann lernte ich ihn während der Dreharbeiten zu ›Die Farbe des Geldes‹ kennen. Ich mag ihn als Person sehr gerne. Er ist ein wunderbarer Mensch, ganz offen und ohne Ego-Probleme. Als Regisseur arbeitet er völlig entspannt.«

Oben: »The Bronx« (1981) – Lauf um dein
Leben! In Vorbereitung auf seine Rolle in dem
Polizeidrama verbrachte Paul Newman Zeit mit
einem der New Yorker Cops, auf deren Erfahrungen das Drehbuch basierte. Daniel Petries
Polizeithriller gilt bis heute als einer der besten
und eindrucksvollsten Filme des Genres.

Unten: »Die Glasmenagerie« (1987), John Mal-
kovich als Tom mit Regisseur Newman. »Als ich
Joanne Woodward und Karen Allen in ›Die Glasmenagerie‹ auf der Bühne sah, dachte ich, dass
es eine Schande wäre, wenn man von ihren Interpretationen dieses großartigen Stücks keine
Aufzeichnung besäße.«
Paul Newman

DER TAG, AN DEM DIE WELT UNTERGING –
WHEN TIME RAN OUT (1980)

Um auf einer Südseeinsel Geld zu machen, hat Bob Spangler (James Franciscus) in eine riesige Hotelanlage investiert. Zusätzlich bohrt er mit seinem Partner Hank Anderson (Paul Newman) nach Erdöl. Aus seismologischen Messungen schließt Hank, dass ein gigantischer Vulkanausbruch droht. Die Menschen des Hotels und der Bohrstelle müssen dringend evakuiert werden. Doch das lehnt Spangler aus geschäftlichen Interessen ab. Als der Vulkan schließlich ausbricht, behauptet Spangler, das Hotel sei der sicherste Ort der Insel. Obwohl die meisten Gäste im Hotel bleiben wollen, gelingt es Hank, wenigstens eine kleine Gruppe von völlig unterschiedlichen Leuten in Bewegung zu setzen. Mithilfe eines Eingeborenen erreichen sie nach einer gefahrvollen Flucht vor der flüssigen Lava endlich eine sichere Hochebene ...

Mit Katastrophenfilmen kennt sich Irwin Allen bestens aus. Er inszenierte unter anderem »Unternehmen Feuergürtel« und »Flammendes Inferno«. Für »Der Tag, an dem die Welt unterging« übernahm er die aufwendige Produktion. Regisseur James Goldstone inszenierte nach »Indianapolis« seinen zweiten Film mit Paul Newman.

»Begnügte man sich bei ›Die Höllenfahrt der Poseidon‹ und ›Flammendes Inferno‹ noch mit je einer Naturgewalt, so brechen nun die Elemente Feuer und Wasser vereint über die Menschheit herein«, schrieb die *Berliner Morgenpost* zur Premiere des Films, der ein recht plumpes Imitat des 1960 entstandenen Streifens »Der Teufel kommt um vier« ist: »Auf einer exotisch-schönen Südseeinsel kommt es zu einem heftigen Vulkanausbruch, der eine große Flutwelle plus Erdbeben auslöst. Das endzeitliche Multi-Millionen-Projekt läuft im Übrigen nach bewährtem Schocker-Schema ab ... Zur bewährten Katastrophenmannschaft gehören Stars wie Paul Newman und William Holden, die schon das ›Flammende Inferno‹ überstanden, sowie Ernest Borgnine und Red Buttons, die bereits die ›Höllenfahrt‹ mitgemacht haben.«

DER TAG, AN DEM DIE WELT UNTERGING – WHEN TIME RAN OUT, Katastrophenfilm, USA 1980, Regie: James Goldstone, Buch: Carl Foreman und Stirling Silliphant nach einem Roman von Gordon Thomas und Max Morgan Witts, Kamera: Fred J. Koenekamp, Musik: Lalo Schifrin, Produzenten: Irwin Allen, Al Gail, George E. Swink für International Cinema. Mit: Paul Newman, Jacqueline Bisset, William Holden, James Franciscus, Red Buttons, Barbara Carrera, Ernest Borgnine, Burgess Meredith, Edward Albert, Valentina Cortese, Veronica Hamel, Alex Karras, Sheila Allen, Pat Morita, Lonny Chapman.

Newman gab zu, dass »Der Tag, an dem die Welt unterging« (1980) der einzige Film gewesen sei, den er ausschließlich für Geld gedreht hatte.

DIE SENSATIONSREPORTERIN –
ABSENCE OF MALICE (1981)

Ein Mann schlägt die Morgenzeitung auf und sieht sich in den Schlagzeilen stehen. Alles, wofür er bisher gearbeitet hat, ist in Gefahr. Nachforschungen bei der Zeitung und der örtlichen Gerichtsbehörde ergeben nur, dass er überwacht wird; niemand sagt ihm, durch wen oder warum. Michael Gallagher (Paul Newman) ist ein Geschäftsmann irisch-italienischer Abstammung, dessen Leben durch die Verbindungen seines Vaters zur Unterwelt überschattet wurde. Bisher hat er seinen Spirituosengroßhandel legal geführt. Megan Carter (Sally Field) ist mit Leib und Seele Reporterin, bei aller Härte ist sie stolz auf ihr ungebrochenes Verhältnis zu Wahrheit und Objektivität. Niemand kann ihr Vertrauen in sich und ihre Arbeit erschüttern, bis sie auf Gallagher trifft. Ein Gewerkschaftsführer ist verschwunden. Als der Druck der Öffentlichkeit größer wird, entwickelt der Fahnder Rosen (Bob Balaban) einen perfiden Plan: Er inszeniert eine Scheinuntersuchung, um an die Hintermänner des Verbrechens zu kommen. Ihr Opfer: Michael Gallagher. Und eine gezielte Indiskretion für die ehrgeizige Reporterin Megan Carter. Obwohl Gallagher und Megan Carter sehr unterschiedliche Voraussetzungen haben und ihr Leben ganz anders führen, haben sie eines gemeinsam: Beide sind hartgesottene, verbissene Kämpfer, die entschlossen sind, bis zum Äußersten zu gehen.

Über das ambitionierte Drama bemerkte die Kritikerin Ponkie in der *Münchener Abendzeitung*: »Der Typus dieses Films hat Tradition in Amerika: der kritische Moralreißer. Das Ethos demokratischer Pressefreiheit bricht sich an den Gesetzen individueller Humanität ... Sydney Pollacks Spannungstechnik ist kühl und glatt und manchmal gar zu klischee-routiniert in der platten Liebesaffäre zwischen Opfer und Jägerin. Doch die Brisanz der Kampfmethoden (Newman stellt eine Gegenfalle für seine politischen Fallensteller) sprengt den Film dann doch immer wieder aus dem genormten Happy-End-Muster heraus. Ein schnittig eleganter Kraftakt staatsbürgerlicher Selbstverteidigung.«

DIE SENSATIONSREPORTERIN – ABSENCE OF MALICE, Gesellschaftsdrama, USA 1981, Regie: Sydney Pollack, Buch: Kurt Luedtke, David Rayfiel, Kamera: Owen Roizman, Musik: Dave Grusin, Produzenten: Sydney Pollack, Ronald L. Schwary für Columbia Pictures und Mirage Enterprises. Mit: Paul Newman, Sally Field, Bob Balaban, Melinda Dillon, Luther Adler, Barry Primus, Josef Sommer, John Harkins, Don Hood, Wilford A. Brimley, Arnie Ross, Anna Marie Napoles.

Während der Dreharbeiten zu »Die Sensationsreporterin« (1981) veranstalteten Paul Newman und Sydney Pollack regelmäßig Kochwettbewerbe, bei denen Sally Field Richterin und Kritikerin spielte.

»Für mich ist die Presse etwas Unerfreuliches. Ich glaube, ungefähr fünf Prozent von dem, was über mich geschrieben wird, trifft zu. Ich fühle mich in ihrer Gegenwart nicht wohl und sie sich nicht in meiner. Ich fühle mich auch in Gegenwart von Fotografen nicht wohl.«   Paul Newman

»Ich hatte das Glück, ihn kennen zu dürfen. Durch ihn ist die Welt besser geworden. Manchmal schafft Gott perfekte Menschen, und Paul war einer davon.«   Sally Field

Foto unten: Paul Newman und Sally Field in »Die Sensationsreporterin«

PAUL NEWMAN
Hollywood Collection – Eine Hommage in Fotografien
Herausgegeben von Ward Calhoun.
Texte und Fachberatung Manfred Hobsch
ISBN 978-3-89602-937-9

Schwarzkopf & Schwarzkopf Verlag GmbH, Berlin
2010. Übersetzung der Zitate: Madeleine Lampe,
Thorsten Wortmann. Genehmigte Lizenzausgabe. ©
der Übersetzung: Schwarzkopf & Schwarzkopf Verlag

KATALOG
Wir senden Ihnen gern kostenlos unseren Katalog.
Schwarzkopf & Schwarzkopf
Verlag GmbH, Abt. Service
Kastanienallee 32, 10435 Berlin
Tel.: 030 – 44 33 63 00 | Fax: 030 – 44 33 63 044

INTERNET / E-MAIL
www.schwarzkopf-schwarzkopf.de
info@schwarzkopf-schwarzkopf.de

»Es ist eine Abwechslung, mal eine sensible Figur zu spielen. Dieser Typ ist wie eine offene Wunde«, sagte Newman über seine Rolle. »The Verdict« (1982) belegt den vierten Platz auf der Liste der besten Gerichtsfilme aller Zeiten, gewählt vom American Film Institute.

Unten: Milo O'Shea, James Mason und Paul Newman in »The Verdict – Die Wahrheit und nichts als die Wahrheit«

DIE FARBE DES GELDES –
THE COLOR OF MONEY (1986)

Eddie Felson (Paul Newman), einst ein Profi im Pool-billard, entdeckt seine Leidenschaft wieder, als er in einer Pool-Halle auf den hoch talentierten Freizeitspieler Mike (Tom Cruise) stößt. Eddie nimmt Mike unter seine Fittiche und versucht, ihn zum Profispieler aufzubauen. Mikes jugendlicher Übermut und seine Disziplinlosigkeit treiben Felson bald an den Rand der Verzweiflung, und schließlich kommt es zur Trennung. Mike emanzipiert sich von seinem Förderer und Ersatzvater, schließlich treten sie auf einem großen Turnier in Atlantic City gegeneinander an ...

Paul Newman legte eine Rolle wieder auf, die ihm 1961 eine Oscarnominierung als bester Schauspieler eingebracht hatte: Fast Eddie Felson in »Haie der Groß-stadt«. »Dieser Film sollte auf eigenen Beinen stehen«, erklärte Regisseur Martin Scorsese: »Die einzige Verbindung zu ›Haie der Großstadt‹ ist die Figur des Fast Eddie Felson. Er ist jetzt kein Billardspieler mehr. Er betrachtet das Spiel als Außenstehender aus einer ganz anderen Perspektive. Es ist die Geschichte eines Mannes, der sich auf eine Reise zur Selbsterkenntnis begibt. Ein Mann, der seinen Lebensstil, seine Wertvorstellungen verändert. Billard ist nur zufällig die Arena, es könnte auch irgendetwas anderes sein.« Und Paul Newman meinte über die Quasi-Fortsetzung: »Am Ende von ›Haie der Großstadt‹ war Eddie Felsons Gier nach Leben verschwunden. Der Charakter blieb unfertig. Eddie verließ das Turnier mit der Erkenntnis, dass sein Gefühl für dieses Spiel niemals mehr so wie zuvor sein würde, da man ihn zur Aufgabe gezwungen hatte. Ihn nach 25 Jahren wieder auftauchen zu lassen, ergab eine Geschichte voller dramatischer Möglichkeiten.« Der Kritiker der Zeitschrift *Zoom* urteilte: »Martin Scorseses atemberaubend inszenierter Spielerfilm ist zugleich ein moralphilosophischer Diskurs über Korruption und Unschuld, Lebenslust und Resignation, Beobachten und Handeln, Jugend und Alter.«

DIE FARBE DES GELDES – THE COLOR OF MONEY, Drama, USA 1986, Regie: Martin Scorsese, Buch: Richard Price nach einem Roman von Walter Tevis, Kamera: Michael Ballhaus, Musik: Robbie Robertson, Produzenten: Irving Axelrad, Barbara De Fina, Dodie Foster für Silver Screen Partners II und Touchstone Pictures. Mit: Paul Newman, Tom Cruise, Mary Elizabeth Mastrantonio, Helen Shaver, John Turturro, Carol Messing, Bill Cobbs, Alvin Anastasia, Joe Guastaferro, Keith McCready, Grady Matthews, Robert Agins, Forest Whitaker.

Paul Newmans Kommentar zu seinem Oscar, den er für »Die Farbe des Geldes« endlich erhielt, nachdem er im Laufe seiner Karriere insgesamt neunmal nominiert worden war: »Es ist so, als wäre man achtzig Jahre lang hinter einer wunderschönen Frau her. Am Ende ergibt sie sich und man selbst sagt: Tut mir furchtbar leid, aber ich bin müde.«

»Seine kraftvolle Eloquenz, sein perfekter Sinn fürs Handwerk, so perfekt, dass man auf der Leinwand die Anstrengung nicht sah, setzten neue Maßstäbe. Abgesehen davon, dass er ein großartiger Schauspieler war – einer der größten –, war er auch ein freundlicher, warmherziger Mann. Ich werde ihn sehr vermissen.«

Martin Scorsese

Obwohl man den Film nicht direkt als Fortsetzung bezeichnen kann, ließ Paul Newman in »Die Farbe des Geldes« den großspurigen Billardspieler Fast Eddie Felson wieder aufleben, den er 25 Jahre zuvor in »Haie der Großstadt« gespielt hatte.

Während des Drehs der lustigen Szenen in »Die Farbe des Geldes« gab der Regisseur Martin Scorsese Newman den Rat: »Versuch nicht, lustig zu sein.« Newman sagte später, dass dies der beste Rat geweesen sei, den er je bekommen habe.

»Für mich war er überlebensgroß. Aber er fand immer einen Weg, alles aufzulockern. Er nannte mich ›Cruiser‹ oder manchmal auch ›Kid‹. Wir nahmen uns Zeit für gemeinsame Unternehmungen, wann immer wir die Möglichkeit dazu hatten.« Tom Cruise

Newman und Cruise wurden während der Dreharbeiten Freunde. Newman sagte über seinen jungen Co-Star: »Er hat viel Schauspieler-Mut. Es macht ihm nichts aus, irgendwo hinaufzuklettern oder herunterzuspringen. Es ist schön, dabei zuzusehen.«

BLAZE – EINE GEFÄHRLICHE LIEBE
BLAZE (1989)

Louisiana, 1959. In einem verruchten Nachtlokal lernt der progressive Gouverneur Earl Long (Paul Newman), verheiratet und 63 Jahre alt, die 28-jährige Stripperin Blaze Starr (Lolita Davidovich) kennen. Obwohl ein Wahlkampf kurz bevorsteht, geben beide ihren Gefühlen nach und verlieben sich ineinander. Die Öffentlichkeit nimmt vorerst keinen Anstoß daran, dass Long sich mit Blaze zusammen präsentiert. Erst als er sich für die Rechte der sozial Schwachen und der farbigen Bevölkerung einsetzt, wird ihm die Affäre zum politischen und persönlichen Verhängnis. Mit einer landesweiten Kampagne versuchen Longs reaktionäre Gegner, den Gouverneur als »Niggerlover« und Ehebrecher zu diffamieren. Als die Parteigenossen ihm bereits den Rücktritt nahelegen, muss sich Earl Long zwischen seiner Liebe zur Macht und seiner Liebe zu Blaze entscheiden. Long hält zu seiner Freundin. Zusammen kämpfen sie um seine Rehabilitation.

Die romantisch-tiefgründige Komödie entstand nach den Memoiren der berüchtigten Stripperin Blaze Starr und schildert einen Skandal, der die politische Maschinerie der Südstaaten bis in ihre Grundfesten erschütterte. Paul Newman hatte im wirklichen Leben kaum etwas mit dem Politiker und seiner rauen Stimme gemein, das wusste auch Ron Shelton: »Beide sind 63. Paul Newman ist der attraktivste Mann der ganzen Welt, Earl Long der unattraktivste. Aber ich kann nichts daran ändern, dass Newman so gut aussieht. Er ist ein toller Schauspieler. Und er ist ein Star: Wenn es ihm gelingt, Earl Long und das, wofür er stand, den Menschen näherzubringen, umso besser.« Der *Fischer Film Almanach* dazu: »Shelton erzählt dieses Schicksal mit einer für das amerikanische Kino eigenartigen Fremdheit und Unentschlossenheit in seinen Mitteln. Denn im gleichen Maße, wie er Sympathie für seine Hauptfigur erzeugt, stellt er sie auch wieder infrage. Dem hat sich Paul Newman in seinem Spiel angepasst, das voller Brüche scheint, aber mögliche Altersrollen bereits andeutet.«

BLAZE – EINE GEFÄHRLICHE LIEBE – BLAZE, Biografie, USA 1989, Regie: Ron Shelton, Buch: Ron Shelton nach einem Buch von Blaze Starr und Huey Perry, Kamera: Haskell Wexler, Musik: Bennie Wallace, Produzenten: Gil Friesen, David V. Lester, Don Miller, Dale Pollock für A&M Films, Silver Screen Partners IV und Touchstone Pictures. Mit: Paul Newman, Lolita Davidovich, Jerry Hardin, Gailard Sartain, Jeffrey DeMunn, Garland Bunting, Richard Jenkins, Brandon Smith, Jay Chevalier, Robert Wuhl, Michael Brockman, Eloy Casados, Blaze Starr.

In »Blaze – Eine gefährliche Liebe« (1989) verkörpert Paul Newman den exzentrischen Gouverneur von Louisiana Earl Long. Darin geht es um die vermeintliche Affäre, die der Gouverneur mit einer Stripperin namens Blaze Starr hatte, die von Lolita Davidovich gespielt wurde.

»In den Anfangsjahren der Filmindustrie ersetzten die Filmstars den Adel. Seitdem wurden sie zurückgestuft, aber sie werden immer noch behandelt, als wären sie überlebensgroß.«
Paul Newman

IM GLANZ DER ALTERSROLLEN

Paul Newman und seine Filme von 1990 bis 2005

In den 1990er-Jahren sah man Paul Newman immer seltener auf der Leinwand: 1990 spielte er noch einmal an der Seite seiner Frau in James Ivorys historischem Familiendrama »Mr. und Mrs. Bridge«, und 1994 tauchte er unter anderem im unterschätzten Coen-Meisterwerk »Hudsucker – Der große Sprung« (1994) auf und erhielt für seine exzellente Darstellung als sturer Alter in Robert Bentons wunderbarer Alltagskomödie »Nobody's Fool« den Goldenen Bären als bester Schauspieler bei der Berlinale 1995. In den Jahren danach spielte er dann neben Susan Sarandon in dem packenden Thriller im klassischen Stil »Im Zwielicht« (1998) und schließlich war er in einer herrlichen Altersrolle als Vater von Kevin Costner in Luis Mandokis Liebesdrama »Message In A Bottle« (1999) zu bewundern. In der Krimikomödie »Ein heißer Coup« (1999) brillierte Paul Newman neben Linda Fiorentino: Die Krankenschwester Carol MacKay (Linda Fiorentino) arbeitet in einem Pflegeheim und führt mit ihrem Ehemann Wayne (Dermot Mulroney), der sie über alles liebt, ein ruhiges Leben. Bis der legendäre Bankräuber Henry Manning (Paul Newman) im Gefängnis einen Schlaganfall erleidet und ihr Patient wird. Carol durchschaut, dass Henry den Schlaganfall nur vorgetäuscht hat, um aus dem Gefängnis fliehen zu können. Sie versucht deshalb, ihn mit drastischen Mitteln aus seinem simulierten Dämmerschlaf zurückzuholen, was ihr auch tatsächlich gelingt. Nun überredet sie Henry, einen Geldtransporter zu überfallen. Die Eheleute versprechen, kein Wort über Henrys wahren Gesundheitszustand zu verlieren, doch als Gegenleistung soll er mit ihnen seinen größten Coup planen und die Beute teilen. Doch wie immer läuft nicht alles genau nach Plan. »Das wäre alles nicht besonders aufregend, zumal der Film auch noch reichlich unspektakulär inszeniert wurde, wenn es da nicht noch die beiden Hauptdarsteller gäbe«, bemerkte Michael Meyns im Hauptstadtmagazin Zitty: »Linda Fiorentino zeigt, dass sie viel mehr kann, als immer nur die hinterhältige Schlange zu spielen, und Paul Newman ist einfach cool. Was andere Schauspieler mit exzessiven Manierismen zu erreichen versuchen, schafft er durch bloße Präsenz. Nach vierzig Jah-

ren des Schauspielerns hat er eine Souveränität, eine fast schon stoische Ruhe erreicht, die einfach wunderbar anzusehen ist.«

Paul Newmans letzter großer Kinofilm wurde das herausragende Gangsterdrama »Road To Perdition« (2002) von Sam Mendes: Für die Rolle als Daniel Craigs leiblicher und Tom Hanks' Ersatzvater erhielt Paul Newman seine letzte Oscarnominierung – und gleichzeitig die erste für den besten Nebendarsteller. Für den Abschied von der Theaterbühne im Jahr 2002 wechselte Paul Newman von Tennessee Williams zu Thornton Wilder: Als er mit seiner Frau Joanne Woodward am Broadway in Wilders »Our Town« auftrat – eine Produktion des Westport Country Playhouse, dem Joanne Woodward als künstlerische Direktorin vorsteht –, bestand er darauf, dass sein Name im Programmheft alphabetisch in der Auflistung der Darsteller auftauchte, und betrat die Bühne mit dem Rücken zum Publikum, damit niemand klatschte, bevor er angefangen hatte zu spielen. Für das amerikanische Fernsehen zeichnete Regisseur James Naughton die Inszenierung des Stückes 2003 im New Yorker Booth Theatre Manhattan auf.

Das letzte Mal stand Paul Newman 2005 für die TV-Miniserie »Empire Falls« vor der Kamera, in der er einen alten Tunichtgut verkörperte. Zu den populärsten Filmen seiner Karriere gehören die Westernkomödie »Butch Cassidy und Sundance Kid« (1969) und der Gaunerstreifen »Der Clou« (1973) – beide mit Leinwandpartner Robert Redford. Ein letztes gemeinsames Projekt mit seinem guten Freund und Kollegen, die Romanverfilmung »A Walk In The Woods«, war mehrere Jahre lang in Planung. Im Herbst 2007 sagte Paul Newman das Projekt ab. Das Drehbuch war schon geschrieben. »Das wird leider nicht stattfinden«, sagte Robert Redford dem US-Männermagazin Playboy: »Ich habe vor vier Jahren die Rechte gekauft und wir konnten uns nicht entscheiden, ob wir nicht zu alt seien. Dann sagten wir, okay, wir machen es. Aber die Zeit ging vorbei und Paul wurde ganz schnell älter. Irgendwie ging es mit ihm bergab. Vor zwei Monaten rief er dann an und sagte: ›Ich muss mich zur Ruhe setzen.‹ Es bricht mir das Herz.«

Paul Newman liebte das Theater. Er spielte in einigen Produktionen mit und führte auch hin und wieder Regie an seinem Wohnort in Westport, Connecticut, am Westport County Playhouse. Oben: Abschied von der Theaterbühne: Paul Newman und das gesamte Ensemble des Stückes »Our Town« (2002)

In der TV-Dokumentation »Iconoclasts« (2005) interviewte Robert Redford seinen Freund und Kollegen Paul Newman. »Ohne zu zögern!« war Newmans Antwort auf die Frage, ob für ihn eine Fortsetzung von »Ein unmoralisches Angebot« (1993) mit ihm und Robert Redford in den Hauptrollen in Frage käme.

Paul Newman in der Verfilmung der Theateraufführung des Thornton-Wilder-Klassikers »Our Town« (2003). Newman war für seine Darstellung des Inspizienten in dieser Broadway-Produktion für einen Tony Award nominiert. Als er sich später von seinem Beruf zurückzog, sagte er: »Ich bin nicht mehr in der Lage, auf dem Niveau zu arbeiten, wie ich das gerne würde. Man fängt an, vergesslich zu werden, das Selbstbewusstsein und die Fantasie zu verlieren. Damit ist dieses Kapitel in meinem Leben beendet.«

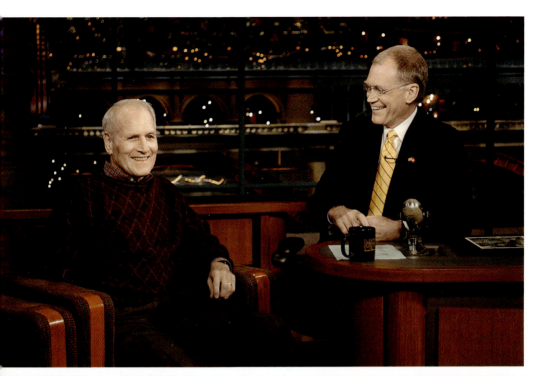

Obwohl Paul Newman kein Stammgast in Talkshows war, trat er über die Jahre mehrmals bei David Letterman auf. Die beiden Männer verband unter anderem eine Leidenschaft für Autos und Autorennen.

Am 3. Februar 2004 präsentierte Paul Newman in der »Jane Pauley Show« seine Produkte. Er sagte: »Wenn man sein Gesicht erst einmal auf einer Flasche Salatdressing gesehen hat, ist es schwer, sich selbst noch ernst zu nehmen.«

MR. & MRS. BRIDGE (1990)

Kansas City von den 1930er- bis in die 1950er-Jahre: Walter Bridge (Paul Newman) ist erfolgreicher Anwalt, für den die Begriffe »Disziplin«, »Strenge« und »Moral« geradezu erfunden worden zu sein scheinen. Manche würden seine Lebensart allerdings eher mit den Worten »Prüderie« und »Gefühlskälte« umschreiben – zum Beispiel seine Frau India (Joanne Woodward), die sich hingebungsvoll um Haushalt und die schon fast erwachsenen Kinder Carolyn (Margaret Welsh), Ruth (Kyra Sedgwick) und Douglas (Robert Sean Leonard) kümmert.

Nach zwanzig Jahren Ehe zeigen sich tiefe Risse. Aber nicht nur India leidet unter Walters emotionaler Kälte, auch die Kinder machen erste Ausbruchsversuche: Die älteste Tochter Carolyn heiratet überstürzt und Ruth flüchtet nach New York, um Schauspielerin zu werden. Auch Sohn Douglas rebelliert gegen den Patriarchen, kann aber nicht verhindern, dass sich die Gefühlskälte seines Vaters auf ihn selbst überträgt. Schließlich macht selbst Mutter India einen zaghaften

Ausbruch. Walters vermeintlich durch nichts zu erschütternde Mittelstandsidylle scheint sich in nichts aufzulösen …

Fast wie in einer Seifenoper, alles ist wohlgeordnet, doch hinter der perfekten Fassade lauern Konflikte um Moral und Macht. Szenen einer Ehe zeigte James Ivory nach zwei Bestsellerromanen von Evan Connell im doppelten Sinne: Das zur Entstehungszeit des Films seit über dreißig Jahren verheiratete Schauspielerpaar Paul Newman und Joanne Woodward verkörperte die sehr gegensätzlichen Eheleute Bridge. Die klassische Rollenverteilung (der Mann hat das Sagen, die Frau muss sich fügen) und die Tabuisierung der Sexualität (darüber spricht man nicht, die Kinder erhalten verschämt ein abgewetztes Aufklärungsheftchen) ersticken jegliches Aufbegehren. Eine Familiensaga der leisen Töne, voller Sinn für Details, viel Atmosphäre, ein wenig Ironie und Schauspieler-Kino par excellence: Es ist eine reine Freude, dem überzeugenden Star-Duo Newman & Woodward beim Schlagabtausch zuzusehen!

MR. & MRS. BRIDGE, Ehedrama, USA 1990, Regie: James Ivory, Buch: Ruth Prawer Jhabvala nach zwei Büchern von Evan S. Cornell, Kamera: Tony Pierce-Roberts, Musik: Richard Robbins, Produzenten: Ismail Merchant, Humbert Balsan, Robert Halmi und Mary Kane. Mit: Paul Newman, Joanne Woodward, Kyra Sedgwick, Robert Sean Leonard, Margaret Welsh, Blythe Danner, Saundra McClain, Simon Callow, Malachy McCourt, Austin Pendleton, Diane Kagan.

»Joanne glaubt, dass die Figur, die ich in unserem gemeinsamen Film ›Mr. & Mrs. Bridge‹ gespielt habe, dem, wie ich wirklich bin, am nächsten kommt. Ich persönlich denke, dass es keine einzige Figur gibt, die mir ähnlich ist. Aber ich habe schon vor langer Zeit gelernt, mich nicht über Dinge zu streiten, zu denen ich keine fundierte Meinung habe.« Paul Newman

Newman stand in ›Mr. & Mrs. Bridge‹ wieder mit seiner zweiten Ehefrau Joanne Woodward vor der Kamera. Darin ging es um die Komplikationen und Generationskonflikte, die es wohl in jeder Familie gibt. Über das Ende seiner ersten Ehe sagte Paul Newman: »Ich hatte ein sehr schlechtes Gewissen, als ich meine Frau und Kinder verließ, und das werde ich mein Leben lang mit mir herumtragen. Aber die Tatsache, dass Joanne und ich nach all den Jahren immer noch zusammen sind, ist ein Beweis dafür, dass ich damals die richtige Entscheidung getroffen habe.«

HUDSUCKER – DER GROSSE SPRUNG
THE HUDSUCKER PROXY (1994)

»Vom Tellerwäscher zum Millionär«, das ist der amerikanische Traum, den auch Norville Barnes (Tim Robbins) träumt. Klein anfangen und sich hocharbeiten: Gemäß dieser Devise fängt er in der Postabteilung von Hudsucker Industries an. Als sich Firmengründer Waring Hudsucker (Charles Durning) aus dem Fenster stürzt, wird in der Chefetage ein Posten frei. Der machtbesessene Zyniker Sidney J. Mussburger (Paul Newman), vormals Hudsuckers rechte Hand, wählt den arglosen Norville als Marionette in seinem bösen Spiel. Mit einem »Vollidioten« als Präsidenten hofft Mussburger, den Wert der Hudsucker-Aktien in den Keller zu treiben und so billig Anteile erwerben zu können. Zunächst ist er auch erfolgreich: Unter Norvilles »Führung« sinken die Aktien rapide. Grund genug für die Starreporterin Amy Archer (Jennifer Jason Leigh), sich auf die »Story« zu stürzen. Getarnt als Sekretärin, tritt sie eine Stelle bei Norville an und will den Schwindel auffliegen lassen. Das Blatt wendet sich, als Norville einen Plan zur Rettung des Unternehmens präsentiert: einen Geniestreich, den er als penibel gezeichneten Kreis auf einem Stück Papier schon immer bei sich trug. Der Entwurf geht in die Produktion und wird auch noch ein sensationeller Erfolg: Der Hula-Hoop ist geboren. Doch Mussburger lässt nicht locker …

Eine aufwändige und stilsicher inszenierte Komödie von Joel und Ethan Coen, die nach dem Vorbild der Screwballkomödien der 1930er-Jahre entstand. Charakteristisch dafür sind der abgründige Humor, die temporeichen Dialoge und die wundersamen Erscheinungen, die Realität und Schwerkraft unterhaltsam außer Kraft setzen. »Ein geniales Werk, das vor allem durch seine Kamera ins Auge fällt«, urteilte *Prisma-Online*: »Außerdem besitzt der Film viele Insider-Gags wie etwa der Ausspruch ›Für Kinder! Verstehen Sie!‹. Der beruht nämlich auf Produzent Joel Silver, der diese Antwort einem Journalisten gab, der wissen wollte, warum in seinen Filmen ständig alles explodiert.«

HUDSUCKER – DER GROSSE SPRUNG / THE HUDSUCKER PROXY, Komödie, USA 1994, Regie: Joel Coen, Buch: Joel Coen, Ethan Coen, Sam Raimi, Kamera: Roger Deakins, Musik: Carter Burwell, Produzenten: Tim Bevan, Ethan Coen, Eric Fellner, Graham Place, Joel Coen für PolyGram Filmed Entertainment, PolyGram Filmproduktion, Silver Pictures, Warner Bros. Pictures und Working Title Films. Mit: Tim Robbins, Paul Newman, Jennifer Jason Leigh, Charles Durning, Jim True, John Mahoney, John Seitz, Joe Grifasi, Bill Cobbs, Jon Polito, Bruce Campbell, Peter Gallagher, Steve Buscemi, Anna Nicole Smith.

Newman mit seinen Co-Stars aus »Hudsucker – Der große Sprung« (1994): Tim Robbins und Jennifer Jason Leigh. In dieser Screwballkomödie de Coen-Brüder spielte Paul Newman den skrupellosen Geschäftsmann Sidney J. Mussburger.

»Die Welt hat einen Engel verloren. Einen Philanthropen, einen Wohltäter, einen leidenschaftlichen, mutigen Mann mit einer Meinung, mit einer Intelligenz, die der Neugier entsprungen war. Er war unvoreingenommen, hatte ein warmes Herz und einen bösen Sinn für Humor. Es war eine Ehre, ihn kennengelernt zu haben, mit ihm gespielt zu haben, mit ihm gelacht zu haben und auf dem Beifahrersitz gesessen zu haben, während er 160 Sachen fuhr und der Übermut in seinen Augen blitzte.«

Tim Robbins

NOBODY'S FOOL – AUF DAUER UNWIDERSTEHLICH / NOBODY'S FOOL (1994)

Die Leute in dem verschneiten Städtchen North Bath sind kauzige und eigensinnige Typen, das gilt vor allem für Donald »Sully« Sullivan (Paul Newman) und Miss Beryl (Jessica Tandy), zwei ältere Semester: Sully, Bauarbeiter und auf Gelegenheitsjobs angewiesen, ist Untermieter bei Miss Beryl, die einst seine Lehrerin war. Sullys unglaublicher Sturkopf hat schon vor Jahren dazu geführt, dass sich seine Familie von ihm abgewendet hat. Selbst der Baufirmen-Manager Carl Roebuck (Bruce Willis), der seine Ehefrau Toby (Melanie Griffith) mit seiner Sekretärin betrügt und Sully ab und an beschäftigt, hält nicht viel von ihm. Nur Miss Beryl lässt sich nicht von der Überzeugung abbringen, dass sich hinter Sullys rauer Schale und seinem bissigen Humor noch ein letzter Rest Potenzial verbirgt. Als sein Sohn Peter (Dylan Walsh) und sein kleiner Enkel ihren Besuch ankündigen, ändert sich Sullys Verhalten. Peter hat sich nach langen Ehejahren von seiner Frau getrennt und

sucht nun in der Heimat nach einem Neuanfang. Für Sully bedeutet diese überraschende Konfrontation mit seinem Sohn, dass er sein Leben und seine Ansichten hinterfragen und überprüfen muss ...

Schauspielerin Jessica Tandy ist hier in ihrer letzten Filmrolle zu sehen. Sie starb nach Abschluss der Dreharbeiten im Alter von 85 Jahren. Als »verlässlichen Stimmungsaufheller für trübste Tage« empfahl die Kritikerin Angie Dullinger in der *Münchner Abendzeitung* den Film: »Mit einem sensationellen Paul Newman in der Rolle des tatkräftigen Verlierers Sully, der spät, beinahe zu spät, entdeckt, dass er zu tieferen Emotionen und Verantwortlichkeit fähig sei. Robert Benton, der preisgekrönte Autor und Regisseur, hat ein feines Gespür für Themen und Situationen, die dem Alltagsmenschen unter die Haut gehen. Zur Rührung kommen bei Benton noch lakonischer Wortwitz und exakte Beobachtungsgabe hinzu.« Für seinen grandiosen Part als Sully erhielt Paul Newman eine Oscarnominierung.

NOBODY'S FOOL – AUF DAUER UNWIDERSTEHLICH – NOBODY'S FOOL, Komödie, USA 1994, Regie: Robert Benton, Buch: Robert Benton nach einem Roman von Richard Russo, Kamera: John Bailey, Musik: Howard Shore, Produzenten: Arlene Donovan, Scott Ferguson, Michael Hausman, Scott Rudin für Capella International, Cinehaus, Paramount Pictures. Mit: Paul Newman, Jessica Tandy, Bruce Willis, Melanie Griffith, Dylan Walsh, Pruitt Taylor Vince, Gene Saks, Alexander Goodwin, Josef Sommer, Philip Seymour Hoffman, Elizabeth Wilson, Philip Bosco, Jay Patterson, Catherine Dent, Jerry Mayer, Angela Pietropinto.

»Interviewsgeben ist wie das Parken in zweiter Reihe vor einem Puff; geringe Befriedigung für beide Seiten.« Paul Newman

Paul Newman in »Nobody's Fool – Auf Dauer unwiderstehlich«

IM ZWIELICHT – TWILIGHT (1998)

Den ehemaligen Schauspieler Jack Ames (Gene Hackman) hat das Glück verlassen. Er hat Krebs und ist außerdem pleite. Seine attraktive Frau Catherine (Susan Sarandon) ist dem Alkohol zugeneigt und auch seine Tochter Mel (Reese Witherspoon) bereitet ihm Sorgen. Harry Ross (Paul Newman), ehemaliger Cop und Privatdetektiv, verrichtet für das befreundete Filmstar-Ehepaar kleine Jobs gegen freie Kost und Logis. Dazu gehören auch gelegentliche Kurierdienste. Über den Inhalt der Briefe, die Harry überbringt, weiß er wenig. Als er wieder einmal einen prall gefüllten Umschlag übergeben soll, gerät er zur Begrüßung in einen Kugelhagel.

Kurz darauf entdeckt er einen von Kugeln durchlöcherten Schnüffler. Harry findet bei dem Toten eine Mappe mit alten Zeitungsartikeln über Jack und Catherine, deren erster Mann angeblich Selbstmord begangen hat. Es sieht so aus, als ob Jack erpresst werden würde. Zunächst wird Harry von der Polizei des Mordes an dem Unbekannten beschuldigt, der auf ihn geschossen

hatte. Die verantwortliche Kommissarin Verna (Stockard Channing), seine heimliche Geliebte aus vergangenen Tagen, gibt ihm 24 Stunden Zeit, um den Mord selbst aufzuklären. Harry gerät immer tiefer in ein Netz undurchschaubarer Intrigen und Lügen. Was Catherine weiß, mit der Harry ein Verhältnis beginnt und inflagranti von Jack erwischt wird, und was das Paar mit dem Verschwinden ihres ersten Mannes vor vielen Jahren zu tun hat, muss und will Harry aufklären.

Kritiker Norbert Grob zeigte sich in der Wochenzeitung *Die Zeit* erfreut: »Ein besonderes Vergnügen bieten die Schauspieler: Paul Newman (als Detektiv) und James Garner (als tough guy im Hintergrund), Susan Sarandon und Gene Hackman (als ehemalige Filmstars). Es ist einfach berührend, diesen alten schönen Herrschaften zuzuschauen, wie sie all ihre alten schönen Sachen machen. Newmans Melancholie, Sarandons Tristesse, Hackmans Verzweiflung vorm Tode, Garners Zynismus: ›Weißt du eigentlich, wie oft ich dich in den letzten Tagen nicht getötet habe?‹«

IM ZWIELICHT – TWILIGHT, Krimi, USA 1998, Regie: Robert Benton, Buch: Robert Benton und Richard Russo, Kamera: Piotr Sobocinski, Musik: Elmer Bernstein, Produzenten: Arlene Donovan, Scott Ferguson, Michael Hausman, David McGiffert, Scott Rudin für Cinehaus, Paramount Pictures, Scott Rudin Productions. Mit: Paul Newman, Susan Sarandon, Gene Hackman, Reese Witherspoon, Stockard Channing, James Garner, Giancarlo Esposito, Liev Schreiber, M. Emmet Walsh, Margo Martindale, John Spencer, Peter Gregory.

»Wenn ich das Gefühl habe, etwas zu tun, das ich schon einmal getan habe, verwerfe ich es und fange von vorn an.«   Paul Newman

»Er fühlte sich der Gerechtigkeit und dem Unfugmachen gleichermaßen verpflichtet. Er war, was man heutzutage nicht mehr oft findet: ein guter Mann.«   Susan Sarandon

Susan Sarandon und Paul Newman in »Im Zwielicht«

»Dies ist eine wahrlich traurige Zeit, ich bin am Boden zerstört. Es gibt nicht genügend Worte, um meine Trauer auszudrücken.«
James Garner zu Paul Newmans Tod

Paul Newman mit Reese Witherspoon in »Im Zwielicht«

MESSAGE IN A BOTTLE – DER BEGINN EINER GROSSEN LIEBE / MESSAGE IN A BOTTLE (1999)

Eine Flaschenpost und die Folgen der Liebe. Nach einer schmerzhaften Scheidung konzentriert sich die erfolgreiche Journalistin Theresa Osborne (Robin Wright Penn) ganz auf ihren kleinen Sohn Jason (Jesse James). Während eines Urlaubs findet Theresa zufällig am Strand eine Flaschenpost mit einem leidenschaftlichen Liebesbrief. Es ist der anrührendste, romantischste Brief, den Theresa je gelesen hat. Diese Zeilen berühren sie so sehr, dass sie deren Urheber ausfindig machen will. Als ihr Chef Charlie (Robbie Coltrane) den Brief heimlich als Kolumne in der *Chicago Tribune* abdruckt, ist sie zuerst verärgert. Doch die überwältigende Reaktion der Leserschaft bestärkt sie in ihrer Entschlossenheit, den Verfasser zu suchen. Sie setzt alle Hebel in Bewegung und spürt ihn schließlich im Küstengebiet von North Carolina auf. Der Schreiber der poetischen Liebeserklärungen ist der Segelbootbauer Garret Blake (Kevin Costner). Der wortkarge Eigenbrötler hat sich nach dem Tod seiner Frau vollkommen zurückgezogen. Umgeben von Erinnerungsstücken, lebt er in seinem Haus an der Küste und kommuniziert fast nur noch mit seinem Vater Dodge (Paul Newman). Trotzdem gelingt es Theresa, Garret näher zu kommen. Allmählich erwachen auch in ihm wieder tiefe Gefühle und neue Leidenschaft. Doch es steht auch vieles zwischen ihnen: Sie kommen aus gänzlich verschiedenen Welten, beide haben den Verlust ihrer Partner innerlich noch nicht verkraftet, und Theresa hat Garret verschwiegen, wie sie ihn gefunden hat. Als er es herausfindet, wird ihr Glück auf eine harte Probe gestellt ...

Liebesbotschaften per Flaschenpost in einer melodramatischen Romanze nach Nicholas Sparks Herz-Schmerz-Bestseller mit Schauspieler-Dreamteam Robin Wright Penn und Kevin Costner. Kino der Gefühle, das mitten ins Herz trifft. Eine wahre Freude ist es, Altstar Paul Newman als ruppigen Vater Dodge zu erleben. Die Rolle ähnelt derjenigen in »Nobody's Fool«, wo Newman ebenfalls einen angriffslustigen Alten gespielt hat.

MESSAGE IN A BOTTLE – DER BEGINN EINER GROSSEN LIEBE – MESSAGE IN A BOTTLE, Liebesfilm, USA 1999, Regie: Luis Mandoki, Buch: Gerald Di Pego nach einem Roman von Nicholas Sparks, Kamera: Caleb Deschanel, Musik: Gabriel Yared, Produzenten: Kevin Costner, Denise Di Novi, Leslie Weisberg und Jim Wilson für Bel Air Entertainment, DiNovi Pictures, Tig Productions. Mit: Kevin Costner, Robin Wright Penn, Paul Newman, John Savage, Illeana Douglas, Robbie Coltrane, Jesse James, Bethel Leslie, Tom Aldredge, Viveka Davis, Raphael Sbarge, Richard Hamilton, Rosemary Murphy, Steven Eckholdt, Susan Brightbill.

Newman spielte 1999 in dem Film »Message in a Bottle – Der Beginn einer großen Liebe« die Rolle des Dodge Blake, des humorvollen Vaters von Garret (Kevin Kostner). In dem Film war auch Robin Wright Penn als Theresa Osborne zu sehen.

»Ich weiß noch, wie ich zu Highschoolzeiten dachte: ›Warum zeigen sich viele Schauspieler ab einem gewissen Alter immer noch in der Öffentlichkeit?‹ Ich fragte mich, warum sie dieses Image zerstörten, an dem sie so hart gearbeitet hatten, und sich fotografieren ließen. Sie hätten einfach zu Hause bleiben sollen, um in den Köpfen der Leute jung und wunderschön zu bleiben. Und jetzt kann es sich jeder ansehen, unser Gestotter und unsere schlechte Körperhaltung – Dinge, die niemals hätten geschehen dürfen. Na ja, die Zeiten ändern sich. Sie sind im Grunde gar nicht so schlecht!«   Paul Newman

ROAD TO PERDITION (2002)

Amerika, im Winter 1931. Michael Sullivan (Tom Hanks) lebt, der Zeit der großen Depression zum Trotz, mit seiner Familie in bescheidenem Wohlstand. Nur wissen seine Frau und seine beiden Söhne nicht, womit ihr schweigsamer Vater sein Geld verdient: Er arbeitet als Killer für den Gangsterboss John Rooney (Paul Newman). Doch dann wird Sullivans älterer Sohn Michael jr. (Tyler Hoechlin) eines Nachts Zeuge, wie sein Vater einen Job erledigt – und Zeugen kann Rooneys Clan nicht brauchen.

Sullivans Frau und sein jüngerer Sohn werden ermordet, er selbst und Michael jr. kommen nur durch Zufall davon. Gejagt vom Auftragskiller Maguire (Jude Law) fliehen sie wochenlang quer durchs Land. Während Sullivan einen Racheplan schmiedet, kommen er und sein Sohn sich langsam näher. Doch auch Sullivan kann den Tag nicht endlos hinzögern, an dem die Entscheidung fällt, ob er alleine auf seinem Weg in die Verdammnis weitergeht – oder ob Michael jr. ihn begleitet ...

Nach dem gleichnamigen grafischen Roman von Max Allan Collins entwickelte Sam Mendes ein düsteres, sehr gut gespieltes und fotografiertes Gangster-Epos, das eindrucksvoll die finsteren 1930er-Jahre aufleben lässt und Tom Hanks einmal als Bösewicht präsentiert. Über den Vergleich mit der Mafia-Saga »Der Pate«, der hauptsächlich von der amerikanischen Filmkritik immer wieder bemüht wurde, hieß es in der Wochenzeitung *Die Zeit*: »Anders als der Pate ..., bei dem die Familie nichts als ihre Saga zurücklässt, klingt bei Mendes neben einem seufzenden Zweifel an ihrer Unschuld auch ein unüberhörbares Credo für ihr Fortbestehen durch. Ein Credo, das die Gewalt, mit der die Blutsbande als moralische Institution verteidigt werden, klug zur Debatte stellt. Immer wieder kreist der Film um Fragen nach faktischer und emotionaler Vaterschaft und um die Grauzone zwischen Verteidigung und Verbrechen. In Zeiten, in denen der US-Präsident Immunität als fast naturbedingtes Prinzip für seine Soldaten einklagt, eine durchaus brisante Angelegenheit.«

ROAD TO PERDITION, Drama, USA 2002, Regie: Sam Mendes, Buch: David Self nach einer Vorlage von Max Allan Collins und Richard Piers Rayner, Kamera: Conrad L. Hall, Musik: Thomas Newman, Produzenten: Joan Bradshaw, Sam Mendes, Dean Zanuck, Richard D. Zanuck für DreamWorks SKG, 20th Century Fox, Zanuck Company. Mit: Tom Hanks, Paul Newman, Jude Law, Jennifer Jason Leigh, Stanley Tucci, Daniel Craig, Tyler Hoechlin, Liam Aiken, Dylan Baker, Ciarán Hinds, Kevin Chamberlin, David Darlow, Doug Spinuzza, Rob Maxey.

»Man kann kein Filmfan sein und nicht von ihm eingeschüchtert sein. Ich fand seine Filme ganz großartig. Mit ihm zusammen am Set zu sein ... Erstens ist er viel größer, als man denken würde. Und zweitens diese Augen. Beim ersten Take am ersten Tag dachte ich nicht an meine Arbeit, sondern ich dachte: ›Heiliger Strohsack! Ich spiele in einem Film mit, in dem ich Paul Newman in die Augen sehe. Wie kam es denn dazu?‹«
Tom Hanks

Regisseur Sam Mendes und Paul Newman bei den Dreharbeiten zu dem Film »Road To Perdition«. Paul Newman war die erste und einzige Wahl des Regisseurs Sam Mendes für die Rolle des John Rooney.

Laut Sam Mendes hatte Paul Newman eine väterliche Beziehung zu den jüngeren Schauspielern am Set. Er ließ nichts unversucht, um sie zum Lachen zu bringen – unter anderem lief er auf den Händen. Foto oben: Tyler Hoechlin, Paul Newman und Liam Aiken

Bild unten: Tom Hanks und Paul Newman spielten in der heute berühmten Szene in »Road to Perdition« (2002) tatsächlich selbst Klavier. Angeblich vollbrachten sie diese Meisterleistung nach vielen Takes und einigen Wochen Übung.

»Er hatte kein aufgeblasenes Ego, kein Gefolge, keinen Fahrer, er reiste nicht mit Assistenten an. Oft kann man an der Größe des Trailers sehen, wie viel ein Schauspieler arbeiten möchte. Einige haben riesige Trailer voller Duftkerzen und einen Koch, der ihnen zum Mittagessen zwei Gerichte zur Auswahl stellt. Aber Pauls Trailer war eine schlichte Zelle. Da war überhaupt nichts drin. Er hatte kein Interesse daran, Zeit in dem Trailer zu verbringen. Er wollte arbeiten.«

Sam Mendes, Regisseur

»Er hätte mich verprügelt, wenn ich ihn als Ikone bezeichnet und gesagt hätte, dass ich großen Respekt vor ihm habe. Er wollte davon nichts hören. Aber er ist nun mal Paul Newman. Und er ist auch viel mehr, als was man erwartet. Er ist völlig ausgeglichen und bescheiden. Er versteht sein Handwerk. Und wir können über ihn als Filmstar, als Schauspieler reden – aber das ist nichts im Vergleich zu dem, was er als Mensch geleistet hat. Er hat allen im Showbusiness gezeigt, was man tun kann.«
Tom Hanks

EMPIRE FALLS (2004)

Der Mittvierziger Miles Roby (Ed Harris) betreibt ein kleines Diner in Empire Falls, einer malerischen Stadt am Knox River in der Nähe von Maine. Hier kennt jeder jeden, und es scheint, als könne das Leben idyllischer nicht sein. Doch hinter den Kulissen der friedlichen kleinen Gemeinde geht es alles andere als harmonisch zu. An der herzlosen Witwe Mrs Francine Whiting (Joanne Woodward), der Besitzerin des Diners, kommt niemand so einfach vorbei. Ganz Empire Falls ist seit Jahrzehnten fest im Besitz des mächtigen Whiting-Clans. Für Miles hat sie die Ehe mit ihrer Tochter Cindy (Kate Burton) vorgesehen, die seit einem Unfall in der Kindheit körperlich behindert ist und ihn schon seit ihrer Jugend abgöttisch liebt. Doch als wäre das nicht genug, muss Miles immer wieder die Eskapaden seines chronisch abgebrannten Vaters Max (Paul Newman) ausbaden. Der gutherzige Sohn erträgt geduldig sein Schicksal, obwohl der nichtsnutzige alte Kauz in seinem Leben mehr Zeit im Gefängnis verbracht hat als zu Hause bei seiner Familie.

»Empire Falls« ist die TV-Verfilmung des gleichnamigen Romans von Richard Russo, für den er 2002 den Pulitzer-Preis erhielt. Doch nicht nur bei professionellen Kritikern konnte die Geschichte über die Bewohner der Kleinstadt am Knox River punkten, sie war auch bei den Lesern überaus erfolgreich und wurde zum Bestseller. Produzent Paul Newman war nach der Lektüre derart begeistert, dass für ihn feststand, dass er das Werk verfilmen wollte. Ihm gelang es auch, Richard Russo als Drehbuchautor zu gewinnen.

Es sollte sich auszahlen, 2006 wurde die von Regisseur Fred Schepisi einfühlsam inszenierte Sozialstudie als beste Mini-Serie mit dem Golden Globe ausgezeichnet. Und Paul Newman, der hier einmal mehr an der Seite seiner Ehefrau Joanne Woodward spielte, glänzt in seinem letzten Film in einer Altersrolle. Für seine überragende schauspielerische Leistung als Max Roby wurde er 2005 mit dem Golden Globe und dem Emmy als bester Nebendarsteller ausgezeichnet.

EMPIRE FALLS, Drama, USA 2004, Regie: Fred Schepisi, Buch: Richard Russo, Kamera: Ian Baker, Musik: Paul Grabowsky, Produzenten: Paul Newman, Marc Platt, Fred Schepisi, Scott Steindorff, William Teitler für HBO Films, Marc Platt Productions, Aspetuck Productions, Stone Village Pictures, Falls Films Inc. Mit: Ed Harris, Dennis Farina, William Fichtner, Philip Seymour Hoffman, Helen Hunt, Trevor Morgan, Paul Newman, Estelle Parsons, Aidan Quinn, Joanne Woodward, Robin Wright Penn, Danielle Panabaker, Theresa Russell, Lou Taylor Pucci, Nesbitt Blaisdell, Adam LeFevre, Stephen Mendillo, Larry Pine, Miles Chandler, Kortney Adams, David Altshuler, Doree A. Austin, Matt Blumm, Michael Brockman, Matthew Dixon, Bradley J. Van Dussen, Troy Faucher, Bryant R. Garrett, Stephen E. Hodgdon, Birdie Newman Katz, Wilda Keem, Tina Konstantoulakis.

»Wenn man so alt ist wie ich, wacht man morgens mit einem überraschten Gesichtsausdruck auf und denkt: ›Heiliger Jesus, mich gibt's ja immer noch!‹ Es ist wirklich unglaublich, dass ich all den Alkohol, die Zigaretten, die Autorennen und meine Karriere überlebt habe.«
Paul Newman

Mit Danielle Panabaker in »Empire Falls«

»Paul ist ein Charakterdarsteller. Männliche Hauptrollen langweilen ihn, genauso wie sein gutes Aussehen. Ich denke, er ist in keinster Weise eitel. Wenn er Taugenichtse, Loser und Penner spielt, will er, glaube ich, damit sagen: ›Ich bin mehr als mein Aussehen‹.« Sidney Lumet, Regisseur

»Ich bin nicht reifer, ich bin nicht weniger wütend, ich bin nicht weniger selbstkritisch, ich bin nicht weniger hartnäckig. Vielleicht ist das Beste, dass die Leber mittags kein Bier mehr verträgt.« Paul Newman

Paul Newman und Ed Harris in »Empire Falls«

PAUL NEWMAN
Hollywood Collection – Eine Hommage in Fotografien
Herausgegeben von Ward Calhoun.
Texte und Fachberatung Manfred Hobsch
ISBN 978-3-89602-937-9

Schwarzkopf & Schwarzkopf Verlag GmbH, Berlin
2010. Übersetzung der Zitate: Madeleine Lampe,
Thorsten Wortmann. Genehmigte Lizenzausgabe. ©
der Übersetzung: Schwarzkopf & Schwarzkopf Verlag

KATALOG
Wir senden Ihnen gern kostenlos unseren Katalog.
Schwarzkopf & Schwarzkopf
Verlag GmbH, Abt. Service
Kastanienallee 32, 10435 Berlin
Tel.: 030 – 44 33 63 00 | Fax: 030 – 44 33 63 044

INTERNET / E-MAIL
www.schwarzkopf-schwarzkopf.de
info@schwarzkopf-schwarzkopf.de